정현종 전집

시

2

한 꽃송이
세상의 나무들
갈증이며 샘물인

정현종 시전집 2

초판 1쇄 발행 1999년 12월 17일
초판 4쇄 발행 2023년 5월 25일

지은이 정현종
펴낸이 이광호
펴낸곳 ㈜문학과지성사
등록번호 제1993-000098호
주소 04034 서울 마포구 잔다리로7길 18(서교동 377-20)
전화 02)338-7224
팩스 02)323-4180(편집) 02)338-7221(영업)
전자우편 moonji@moonji.com
홈페이지 www.moonji.com

ⓒ 정현종, 1999. Printed in Seoul, Korea

ISBN 978-89-320-1134-6
ISBN 978-89-320-1132-5(전2권)

이 책의 판권은 지은이와 ㈜문학과지성사에 있습니다.
양측의 서면 동의 없는 무단 전재 및 복제를 금합니다.

정현종 전집

시 2

한 꽃송이
세상의 나무들
갈증이며 샘물인

문학과지성사
1999

정현종 시전집 2

한 꽃송이

나의 자연으로 / 15
이 나라의 처녀들아 / 16
오 잔잔함이여 / 18
길의 神祕 / 20
우상화는 죽음이니 / 22
사람으로 봄비는 앓은 슬픔이니 /24
들판이 적막하다 / 25
장수하늘소의 인사 / 26
갈대꽃 / 27
바보 만복이 / 28
얼음 조각들이 / 29
무슨 슬픔이 / 30
어떤 손수건 / 31
한 그루 나무와도 같은 꿈이 / 32
깨달음, 덧없는 깨달음 / 34
權座 / 35
장난기 / 36
몸놀림 / 37
보살 이유미 / 39
노래는 마술사 / 40
봄에 /41

回心이여 / 42
벌에 쏘이고 / 45
좋은 풍경 / 46
석탄이 되겠습니다 / 47
썩은 부분의 활동이 활발하면 / 48
지식인의 幻生 / 49
나무여 / 51
명백한 놀이를 / 53
나무에 깃들여 / 55
급한 일 / 56
구두를! / 59
슬픔 / 60
겨울산 / 61
황금 醉氣 1 / 63
정이 많아서 / 65
황금 醉氣 2 / 67
마른 나뭇잎 / 68
亡者의 시간 / 69
쓸쓸함이여 / 71
요격시 1 / 72
달맞이꽃 / 73
환합니다 / 74
잠꼬대 / 75
빵 / 76
깊은 흙 / 77
물소리 / 78
올해도 꾀꼬리는 날아왔다 / 79
요격시 2 / 80
청천벽력 / 82

한 숟가락 흙 속에 / 84
한 꽃송이 / 85
겨울 저녁 / 86
사자 얼굴 위의 달팽이 / 88
뭐가 생각하나? / 89
저 웃음 소리가 / 92
구름 / 93
나무 껍질을 기리는 노래 / 94
다람쥐를 위하여 / 96
꽃피는 상처 / 97

세상의 나무들

부엌을 기리는 노래 / 103
여름날 / 104
모기 / 106
또 하루가 가네 / 107
그 두꺼비 / 110
스며라 그림자 / 111
한 하느님 / 112
가을날 / 113
하늘의 火輪 / 114
구름의 씨앗 / 116
어디 들러서 / 118
새소리 / 119
그립다고 말했다 / 120
이슬 / 121

날개 소리 / 123
세상의 나무들 / 125
지평선과 외로움 두 날개로 / 126
'무죄다'라는 말 한마디 / 127
붉은 가슴 울새 / 129
집들의 빛 / 131
저 날 소용돌이 / 132
너울거리는 게 무엇이냐 / 133
그림자 / 134
까치야 고맙다 / 135
무너진 하늘 / 137
花煎 / 138
움직이는 근심은 가볍다 / 139
私談 / 140
내 어깨 위의 호랑이 / 142
설렁설렁 / 144
개들은 말한다 / 145
꽃잎 1 / 146
몸살 / 147
밤하늘에 반짝이는 내 피여 / 148
바다의 熱病 / 150
검정 개 / 152
먼 길 / 153
무얼 건졌지? / 154
그 굽은 곡선 / 156
性愛 도자기 / 157
그 꽃다발 / 158
아닌밤중에 천둥 / 160
맑은 물 / 162

한 정신이 움직인다 / 164
石壁 귀퉁이의 공기 / 165
자장가 2 / 166
헤게모니 / 167
손을 번쩍 들어 / 168
쿠스코의 달 / 169
우리 자신의 깊이 / 171
앉고 싶은 자리 / 172
앉아 있는 건 귀중하다 / 173
여행을 기리는 노래 / 174
내 즐거운 자극원들 / 175
날개 그림자 / 177
이런! / 178
벌판이 말했습니다 / 179
밀려오는 게 무엇이냐 / 180
오셔서 어디 계십니까 / 181

갈증이며 샘물인

갈증이며 샘물인 / 185
이 귀신아 / 186
불멸 / 188
어떤 성서 / 189
기적―간이역 / 190
귀뚜라미야 / 191
팔다리는 반짝인다 / 192
오늘 / 194

오늘 밤 / 195
물방울—말 / 196
한 생각이 스쳐 / 197
푸르른 풋시간이여 / 198
모국어 / 200
사전을 기리는 노래 / 202
이 바람결 / 204
움직이지 말아야지요 / 205
다른 나라 사람 / 206
말없이 걸어가듯이 / 207
우리는 구름 / 208
궁지 2 / 210
날개 / 211
마음은 떡잎 / 212
게걸음으로 / 214
푸른 하늘 / 215
가짜 아니면 죽음을! / 218
한없는 지평선 / 220
아침 햇빛 1 / 222
아침 햇빛 2 / 223
여름 저녁 1 / 224
여름 저녁 2 / 225
오후 네시 속으로 / 226
새여 꽃이여 / 227
걸음걸이 1 / 228
걸음걸이 2 / 229
걸음걸이 3 / 231
걸음걸이 6 / 232
아름다움으로 / 233

꽃 深淵 / **234**
아무도 말해주지 않는 인생 / **235**
바람 속으로 / **237**
자연에 대하여 / **238**
숨어 있는 아름다움 / **239**
사랑은 나의 권력 / **240**
그 가벼움 / **241**
떠돌겠다고 / **242**
꽃잎 2 / **243**
아름다움이여 / **244**
잘 떴다 알몸이여 / **245**
작은 국화분 하나 / **248**
너의 목소리 / **249**
안부 / **250**
날아라 버스야 / **251**
몸이 움직인다 / **252**
숲가에 멈춰 서서 / **253**
예술 / **254**
일상의 빛 / **255**
너는 자기가 생각하는 자기보다…… / **259**
하늘의 혈관 / **260**
바람이여 풀밭이여 / **261**
시간은 두려움에 싸여 있다 / **263**
때와 공간의 숨결이여 / **265**

제목 색인 / **268**

한 꽃송이
1992

나의 자연으로

더 맛있어 보이는 풀을 들고
풀을 뜯고 있는 염소를 꼬신다
그저 그놈을 만져보고 싶고
그놈의 눈을 들여다보고 싶어서.
그 살가죽의 촉감, 그 눈을 통해 나는
나의 자연으로 돌아간다.
무슨 充溢이 논둑을 넘어 흐른다.
동물들은 그렇게 한없이
나를 끌어당긴다.
저절로 끌려간다
나의 자연으로.

무슨 충일이 논둑을 넘어 흐른다

이 나라의 처녀들아

장가 못 가서 자살한
시골 총각들 일이
자꾸 마음에 걸린다
있을 수 없는 일이 일어나니
마음에 자꾸 걸리는 게다
이 지상의 생물 중에 도대체
암컷 못 만나 자살한 수컷 있다는 말 못 들었는데
적어도 사람이
사람 중에도 제일가는 사람인 농부가
농부 중에도 햇덩이 같은 총각들이
장가를 못 가 고민이요
고민하다 더러 자살도 하니
이 일을 어쩌면 좋겠나
(군소리지만, 그러니
신바람은 어디서 날 것이며
시골 살림은 누가 하고
농사 대물림은 어찌 될 것인가
그리하여 식량은 또 어찌 될 것인가)

이 나라의 처녀들아
저 생명의 원천 흙기운을 두고 묻노니

저 너무 맑아서 달디단 시골 공기를 두고 묻노니
저 시골 총각들의 튼튼한 四肢를 두고 묻노니
아직도 거기엔 그래도 남아 있는
넉넉한 인심을 두고 묻노니
일 시키지 않겠다는 약속을 두고 묻노니
"사람들은 죽으려고 도시로 모여든다"라고
한 시인이 말한 그 도시로 모여드는
이 나라의 처녀들아

무슨 대답 좀 해주렴

오 잔잔함이여
―― 인도 시편 5

그 잔잔한 얼굴은 왜
내 뇌리에서 떠나지 않을까.
그야 말할 것도 없이
그 잔잔함 때문이지.

인도 시인 아야파 파니커
음악을 틀어놓은 버스에서 나한테
미(me) 유(you) 식(sick) 뮤직이라고
나와 너를 싫증나게 하는 음악이라고
농담하면서 잔잔히 웃었는데
지금도 내 속에서 그렇게 웃고 있다.
무슨 애를 써서 그러는 것도 아니고
그냥 거기 피어 있는
환하고 맑은 잔잔함――

(그러고 보니 인도 시인들이 대개 잔잔하다, 안으로 향한 시선――
  자기 속에 숨어서 내다보는 듯한 아룬 콜라카
  항상 深淵을 보고 있는 듯 어두운 악타르-울-이만
  애들 같은 눈에 장난기가 넘치는 인도 사람들의 대시인 하리바잔싱 모두 잔잔한 老시인들——

비춰보고 싶은 맑은 거울——잔잔함이여

길의 神祕

바라보면 야산 산허리를 돌아
골을 넘어 어디론가(!)
사라지는 길이여, 나의 한숨이여
빨아들인다 너희는, 나를,
한없이,
야산 허리를 돌아
골을
넘어
어디론가
사라지는
길들, 바라보며
나는 한없이 자극되어
몸이 뜨거워지고
가슴이 싸아—하고
창자가 근질근질—
그러한 길이여, 오
누설된 신비,
수많은 궁금한
세계들과 이어진 탯줄,
넘어가면 거기
새로 태어나는(!) 마을,

열리는 공간,
숨은 숨결,
씻은 듯한 얼굴.
산허리를 돌아 처녀
사타구니 같은 골로 넘어가며
항상 발정해 있는 길이여
나의 성욕이여,
넘어가 사라지면서(!)
마침내 보이는 우리들
그리움의 샘,
열망의 뿌리,
모험의 보물섬—

멀리멀리 가는 나의 한숨
길이여
누설된 신비여.

우상화는 죽음이니

우상화는 죽음이니
우상화하지 말라
위대하신 누구이든
우상화 법석 속에서는
우상도 시체요
우상화하는 사람들도 시체이니
제발 우상화하지 말라

그저 좋아하고 그저
사랑하고 사뭇
찬탄은 하리로되
神格은 우습지.
우상은 암이요
우상화는 에이즈요
하여간 전면적인 죽음이니,
사람이든 사상이든 그 무엇이든
하나밖에 없으면 말할 나위 없이
전면적인 죽음이니―

창밖에 아가씨 하나
걸어가면서 루주를 바르고 있구나!

그렇지, 루주 바르는 취미 같은 게
백 배 천 배 낫지,
심심함을 섬기는 게 낫지
온몸을 해체했다 붙였다 하는
저 심심함을 섬기는 게
백 배 천 배 낫지, 암!

사람으로 붐비는 앎은 슬픔이니

안다고 우쭐할 것도 없고
알았다고 깔깔거릴 것도 없고
낄낄거릴 것도 없고
너무 배부를 것도 없고,
안다고 알았다고
우주를 제 목소리로 채울 것도 없고
누구 죽일 궁리를 할 것도 없고
엉엉 울 것도 없다
뭐든지간에 하여간
사람으로 붐비는 앎은 슬픔이니—
그게 활자의 모습으로 있거나
망막에 어른거리는 그림자거나
풀처럼 흔들리고 있거나
그 어떤 모습이거나
사람으로 붐비는 앎은
슬픔이니……

들판이 적막하다

가을 햇볕에 공기에
익는 벼에
눈부신 것 천지인데,
그런데,
아, 들판이 적막하다 ─
메뚜기가 없다!

오 이 불길한 고요 ─
생명의 황금 고리가 끊어졌느니……

장수하늘소의 인사

지리산 추성 계곡에서 새벽에
뭐가 숨 가쁘게 부스럭거려 일어나보았더니
누가 갑충류 한 마리를 비닐 주머니에 넣어 봉해놓았다.
나는 그걸 들고 나가 산비탈길 위에 풀어놓았다.
장수하늘소였다.
그런데 그놈은 나를 향해서 기어왔다.
내가 옆으로 비켜 섰더니
그놈은 다시 내 쪽으로 방향을 돌려
꾸벅꾸벅 절을 하듯이 기어왔다.
나는 또 비켜 섰다.
장수하늘소는 다시 나를 향해 왔다.
이번에는 선 채로 다리를 벌렸더니 비로소
그 밑으로 기어서 제 갈 길을 갔다.
(만물이 제자리에 있으면
마음도 더없는 제자리)
나는 새벽 산길을 올라갔다.

갈대꽃

산 아래 시골길을 걸었지
논물을 대는 개울을 따라.
이 가을빛을 견디느라고
한숨이 나와도 허파는 팽팽한데
저기 갈대꽃이 너무 환해서
끌려가 들여다본다, 햐!
광섬유로구나, 만일 그 물건이
세상에서 제일 환하고 투명하고
마음들이 잘 비치는 것이라면……

그 갈대꽃이 마악 어디론지
떠나고 있었다
氣球 모양을 하고,
허공으로 흩어져 어디론지
비인간적으로 반짝이며,
너무 환해서 투명해서 쓸쓸할 것도 없이
그냥 가을의 속알인 갈대꽃들의
미친 빛을 지상에 남겨두고.

바보 만복이

거창 학동 마을에는
바보 만복이가 사는데요
글쎄 그 동네 시내나 웅덩이에 사는
물고기들은 그 바보한테는
꼼짝도 못 해서
그 사람이 물가에 가면 모두
그 앞으로 모여든대요
모여들어서
잡아도 가만있고
또 잡아도 가만있고
만복이 하는 대로 그냥
가만히 있다지 뭡니까.
올 가을에는 거기 가서 만복이하고
물가에서 하루 종일 놀아볼까 합니다
놀다가 나는 그냥 물고기가 되구요!

얼음 조각들이
—정복자 펠레

너는 어려서부터
가혹하리만큼 겪는다
아, 사람이 있는 데는 왜 모두 이럴까?
집도 학교도 일터도
하여간 네가 있을 만한 데가 별로 없다
가령 어느 날
친구들이 너를 겨울 바다로 몰아넣지?
거기 둥둥 떠 있는 얼음 조각들을
너는 밟으며 물위를 걸었지?
얼음 조각들이 너를 받쳐주었지?
아슬아슬했지만
너를 받쳐준 건
얼음 조각들뿐이었구나!
그만하면 걸어갈 만하지 않으냐!

무슨 슬픔이

새벽에,
마악 잠 깼을 때,
무슨 슬픔이 퍼져나간다
퍼지고 또 퍼진다,
생명의 저 맹목성을 적시며
한없이 퍼져나간다

메뚜기가 보고 싶다

어떤 손수건

슬프구나
작년에 입었던 옷 호주머니 속에
들어 있는 손수건

한 그루 나무와도 같은 꿈이

꿈을 버리다니, 요새의 내 꿈은
방이 많은 집 하나 짓는 일이야.
그래 이 세상의 떠돌이와 건달들을 먹이고 재우고,
이쁜 일탈자들과 이쁜 죄수들,
거꾸로 걸어다니는 사람과 서서 자는 사람,
눈감고 보는 사람과 온몸으로 듣는 사람,
끌어안을 때는 팔이 엿가락처럼 늘어나는 사람,
발에 지평선을 감고 다니는 사람,
자동차 운전 못 하는 사람,
원시주의자들,
말더듬이,
굼벵이,
우두커니,
하여간 그런 그악스럽지 못한 사람들을 먹이고 재우게
방이 많은 집 하나 짓는 일이야.
아냐, 호텔도 아니고 감옥도 아니며
병원도 아니고 학교도 아니야.
무정부적인 감각들의 절묘한 균형으로
집 전체가 그냥 한 송이의 꽃인 그러한 곳.
그러니까 자기를 몰라도 너무 모르는 사람이나
어떤 경우에도 괴로워하지 않는 사람은 들이지 않을 거야.

도대체 슬퍼하지 않는 사람도 물론 들이지 않고
답답하기 짝이 없는 벽창호,
각종 흡혈귀,
모르면서(모르니까?) 씩씩한 단세포,
(또는 자기가 틀렸을는지도 모른다는 생각에 조금도 물든 흔적이 보이지 않는 글을 쓰는 먹물들은 들이지 않을 거야.)
앵무새는 물론 안 되고,
모든 전쟁광들과 무기상들,
核 좋아하는 사람들은 말할 것도 없이 출입 금지.
그리고 또 그리고 또 있겠지만
이하 생략.
허나 어떤 사람이든 환골탈태를 하면 언제든지 환영이야.
누구를 제외하는 데서 얻는 쾌감은 제일 저열한 쾌감의 하나이니.

꿈을 버리다니, 요새의 내 꿈은
한 그루 나무와도 같아
나는 그 그늘 아래 한숨 돌리느니.

깨달음, 덧없는 깨달음

부처님
큰 깨달음은 당신의 몫이구요
중생은 그나마도 드문 자질구레한
깨달음으로 징검다리를 삼기에도
어려운 물살입니다
가령 무슨 이념 무슨 주장 무슨
파당 무슨 조직에 앞서는 게
눈앞의 사람 아닙니까
우선 그냥 한 사람이 눈앞에 있습니다
그 이상 중요한 게 어디 있습니까
간단하지 않습니까

하기야 스스로 죽지 않고는 깨달음이 없습니다
있다면 그저 깨달음놀이지요
제 짐작이지요만
迷妄은 생명의 떡이요
꽃 한 송이는
迷妄의 우주니까요.
그러니 부처님
그저 이렇게 말씀드려야겠습니다
살아 있는 한 저는
깨닫지 않겠다구요. 합장.

權座

권좌는 저주의 수렴이요
권좌는 치욕의 원천이며
권좌는 강력한 汚点이다

장난기

내 말보다는 아무래도
셰익스피어가 한 말이라고 해야 먹힐 것 같아
나는 장난기가 동하면 가끔 내 말을 셰익스피어가 한 말이라고 하고 말을 한다.
사람들은 긴가민가하면서도(셰익스피어가 안 한 말이 있겠느냐 싶기도 하여) 표정을 고쳐가지고 듣는다.

사람들은 왜 모두 감투를 좋아할까?
셰익스피어가 한 말인데, 그 사람들이 감투 밑에 있기 때문이라.
사람들은 왜 모두 승리에 취할까?
셰익스피어가 한 말인데(실은 릴케가 이 비슷한 말을 했거니와) 사람이란 게 원래 아주 작기 때문이라.
셰익스피어, 아주 도덕적인 사람이지?
그런데 유부녀하고 우리식으로 말해서 간통도 하고 동성애도 했는데 그 유부녀가 또 자기 동성애자하고 사랑을 해서 沙翁은 양쪽에 동시에 질투를 느꼈지.
셰익스피어가 한 말인데, 난놈은 잡놈이다……(물론 모든 잡놈이 난놈은 아니다)
그러니까 작품에 도덕적 감정을 고양하는……
그야 모랄리스트지.
셰익스피어가 한 말인데, 우리가 마악 외도를 하고 났을 때처럼 도덕적이 되는 때는 없다……

몸놀림

고개를 쳐들면
태양이 굴러오고
팔을 뻗으면
멀리멀리
지평선이 팽창한다.
(사람의 몸놀림 속에 들어 있는 슬픔을
지금은 말하지 않으련다
기나긴 그림자와도 같이 땅에 듣는 그 슬픔은
지금 말하지 않으련다
그 물질적 황홀을 노래할 뿐——)
기지개를 켤 때 너는
듣지 않느냐
공기가 욱신거리는 소리를——
흙길을 걸으면서 나는
내 발바닥에 기막히게 오는
흙의 탄력에 취해 자꾸자꾸
걸어가지만,
춤의 형식이 따로 없다며 걸어가지만,
네가 뛰어오를 때
몸을 날릴 때
그 도약과 함께 重力은

한 가닥 공기가 된다,
흙의 탄력을 마시며
풀과 나무들이
땅을 들어올리듯이!

보살 이유미

보살 이유미는 오늘도
밥을 해놓고 기다린다.
다른 집 식구들을 기다린다.
이 一味 보살에게는
밥에 관한 한은
내 식구 네 식구가 없다.
내 집 남의 집이 없다.
그리하여 항상
밥을 할 준비가 되어 있다.
세상 사람들을 모두
먹이고 싶을 따름이다.
어린 시절 시골에서는
밥 때가 되면 이집 저집이 모두
우리집이었듯이
보살 이유미네 식탁에는
항상 이 세상 걸신들이
앉으실 자리가 있다.
그러니까 거기서는
누구나 신이 된다.
신앙의 큰 원천, 걸신.
보살 이유미는 그 앞에
오늘도 밥을 떠놓는다.

노래는 마술사

흐르자마자
가만있던 것들이
움직이기 시작하아니.
흐르자마자
붙박여 있던 것들
흥청거리기 시작하고
노래 가는 데로 그냥
같이 가아니이까.
거기가 어디이든 무작정
가아니이까.

봄에

진달래꽃 불길에
나도
탄다.
그 불길에 나는 아주
재가
된다.
트는 싹에서는
간질 기운이 밀려오고
벚꽃 아래서는 가령
탈진해도 좋다.
숨막히게 피는 꽃들아 새싹들아
너희 폭력 아래서는 가령
무슨 일을 해도 괜찮다!

回心이여
──1990년을 맞으며

희망은 많이 허황하지만
허황함 없이 또한 살림살이가
어떻게 굴러가겠느냐.
ㅎ음이 워낙 바람 빠지는 소리이듯이
희망에 붙어 있는 허황함은
알게 모르게 마음의 통풍 구멍이니
새해 아침이라는 세월의 한 구멍으로
바람 빠지는 소리나 해보자는 것이다.

    어젯밤에 눈이 좀 내리고
    드물게 맑은 아침 밝은 햇빛이
    얼음을 녹이며 눈부시다.

새해라고 하지만
해는 새해인지 모르겠으나
우리 생각은 질기게도 낡은 것이어서
죽은 나무에 새싹 돋게 하는
헌 세상 시들한 시간에 새살 나게 하는
회심의 순간은 참 만나기 어렵구나.
나 살리니 너 살고
너 살리니 나 사는 회심이여.

어젯밤에 눈이 좀 내리고
　　　드물게 맑은 아침 밝은 햇빛이
　　　얼음을 녹이며 눈부시다.

파스칼 말마따나 도덕의 원리는
'잘 생각하는' 데 있는데,
실은 그렇게 쉬운 얘기인데,
그게 필경 쉽지 않은 일인지
잘못 생각하는 일이 하도 많아
세상은 점점 살기 어렵고
생명은 사방 죽음에 노출돼 있구나
아스팔트 네거리 한복판의 아이와도 같이.

　　　어젯밤에 눈이 좀 내리고
　　　드물게 맑은 아침 밝은 햇빛이
　　　얼음을 녹이며 눈부시다.

보려무나 遍在하는 死神을 ─
공기에 물에 식품 속에
떠돌고 흐르며 싱싱한 死神,
공장에 논밭에 거리 위에

달리고 뿌려지며 떠도는 死神,
국가에 진보에 어두운 마음에
막강하게 잔인하게 지겹게 웅크린 死神,
이 폭력 저 폭력에 번창하는 死神—

    어젯밤에 눈이 좀 내리고
    드물게 맑은 아침 밝은 햇빛이
    얼음을 녹이며 눈부시다.

그것들을 장사지내기 위해 이제는
돈이 쓰여져야 하고,
마음이 좀 아파야 한다.
하느님께 기도하지 말고
자기 자신에게 빌어야 한다—
잘 생각해야 한다고,
회심이라는 폭발이 있어야 한다고,
우리를 살릴 회심이여—

    어젯밤에 눈이 좀 내리고
    드물게 맑은 아침 밝은 햇빛이
    얼음을 녹이며 눈부시다.

벌에 쏘이고

생전 처음 사과를 땄다.
사다리 위에서
너무 신이 나서.

가지 꼭대기 제일 잘 익은 놈이
여지없이 내 손을 잡아당겼다.
손이 사과를 잡는 순간, 아
손가락에 통증이 왔다.
벌에 쏘인 것이다.
(잘 익어 갈라진 틈에 벌이 들어앉아 있었던 것이다)
손가락은 시간이 갈수록 더
쑤셨다.
(이 사건에서 교훈만을 얻는 건
너무 진부하다)
쑤시는 손가락을 나는
주체할 길 없으면서도, 한편
가을 사과나무처럼 마음이 넘쳤다.
아픔도 만물과 내통하는 길,
미량의 毒을 타고나는
자연의 저 광활함 속에
그 깊음 속에 몸을 섞었으니!

좋은 풍경

늦겨울 눈 오는 날
날은 푸근하고 눈은 부드러워
새살인 듯 덮인 숲 속으로
남녀 발자국 한 쌍이 올라가더니
골짜기에 온통 입김을 풀어놓으며
밤나무에 기대서 그짓을 하는 바람에
예년보다 빨리 온 올 봄 그 밤나무는
여러 날 피울 꽃을 얼떨결에
한나절에 다 피워놓고 서 있었습니다.

석탄이 되겠습니다
──죽어가는 광부들의 유언

우리들은 살아가는 게 아닙니다.
우리들은 죽어왔습니다, 문자 그대로.
석탄을 캐내면서
우리는 묻힙니다.
우리를 캐내는 사람은 아무도 없습니다.
진폐증이라지요?
그건 여러 병 중의 하나가 아닙니다.
처음부터 기약된 죽음입니다.
우리는 죽기를 살기 시작하는 겁니다.
우리는 우리가 캐내는 석탄만도 못합니다.
우리의 마지막 부탁이 있습니다.
우리가 죽으면 우리를
막장에 묻어주세요.
거기서 석탄이 되겠습니다.

썩은 부분의 활동이 활발하면

태양의 흑점 활동이 활발하면
천재지변이 일어난다.
지구와 그 주민들이 이따금
겪는 재난이다.

태양의 흑점은 그런데
태양의 썩은 부분이 아닐까.
과일이 썩으면 검어지듯이
흑점은
썩어서
이제는 빛을 내기는커녕
활동하는 암과도 같이
지구와 태양계에 재앙을
가져오는 게 아닐까.

어디 흑점뿐이겠는가.
썩은 부분의 활동이 활발하면
어디에나 재앙이 있게 마련.
회사든 학교든 무슨 기관이든
그리고 물론 나라도 천지도 그 무엇도
재앙을 당하게 마련,
썩은 부분의 활동이 활발하면!

지식인의 幻生

축령산 자락에 있는 외양간으로
어느 날 지식인 대여섯이 들어갔습니다.
외양간을 고쳐 별장을 만든
주인 商變道人이 불러서 갔지요.
(평소에도 주인은 외양간 내부를
손수 고친 데 대해서
거기서 맞는 아침의 새소리에 대해서
내게 얘기한 적이 있는데
자연과 노동이 그 얼굴을
참 환하게 하는 걸 보았습니다)
밖에서 보면 틀림없는 외양간,
조그만 창 중턱 높이로 기운
호박밭에서 딴 호박 하나를
주인은 웃으며 들고 들어왔습니다.
(손에 뭘 들고 있느냐에 따라 사람이 달라 보이는데
가령 호박 같은 걸 들고 다니기를 나는 제안합니다)
안주인 김정매 여사는 고기를 굽고
우리는 소주와 함께 먹었습니다.
산과 공기도 입으로 들어왔습니다.
그런데, 그런데 말씀입니다.
그때 처음으로 지식인이 내 눈에 이뻐 보였습니다.

외양간 속의 지식인들 —
소와 외양간의 후광은 대단했으며
문득 모두 소가 된 듯했고
비로소 그 사람들이 이뻐 보였습니다.

나무여

쓰러진 나무를 보면
나도 쓰러진다

  그 이파리와 더불어 우리는
  숨쉬고
  그 뿌리와 함께 우리는
  땅에 뿌리박고 사니——

산불이 난 걸 보면
내 몸도 탄다

  초목이 살아야
  우리가 살고
  온갖 생물이 거기 있어야
  우리도 살아갈 수 있으니

나무 한 그루
사람 한 그루

  지구를 살리고
  사람을 살리며

모든 생물을 살리고
만물 중에 제일 이쁘고 높은

나무여
생명의 원천이여

명백한 놀이를

어른들은 이상해요
우리 아이들은 가령 병정놀이나
전쟁놀이를 할 때 정말 죽이거나
정말 죽는 게 아니라
죽은 걸로 하고,
이기고 지는 것도 그냥
이긴 걸로, 진 걸로 하는데,
어른들은 정말 죽이고
승패를 막론
다만 지옥을 만들거든요.
어처구니없는 노릇이에요.
어떤 시인이 어떤 사관학교에 가서
막무가내로 붙잡혀 사열을 받았는데
도무지 우스꽝스럽기 짝이 없고
도무지 온몸이 근질근질——
아, 이 명백한 놀이를
이다지도 무게잡고, 이다지도 엄숙하게
하는구나, 참 한심하기도 하구나 하는,
그냥 바라볼 땐 못 느끼던 걸 실감했는데요——
하느님, 이 세상은 그냥 이렇게
굴러가겠지요만, 정치, 군사 할 것 없이

다만 어른들의 놀이에 불과한 짓을
놀이라고 인정하지 않는 데서
이 세상에는 불행이 끊이지 않는다는,
그저 그 말씀을 드리고 싶습니다.

나무에 깃들여

나무들은
난 대로가 그냥 집 한 채.
새들이나 벌레들만이 거기
깃들인다고 사람들은 생각하면서
까맣게 모른다 자기들이 실은
얼마나 나무에 깃들여 사는지를!

급한 일

급한 일이 뭔지 모르는 사람들이
하는 정치 활동은 다만 해로운 법석,
정작 급한 일이 뭔지 모르는 사람들이
하는 경제 활동은 또 무슨 소용에 닿을까.
눈먼 싸움이 급한 게 아니고
눈먼 생산이 급한 게 아니지.
눈먼 소비 또한 마찬가지.
그 어떤 경우에나 이제는 꼭
먼저 생각해야 할 게 있어.
죽어가는 공기
죽어가는 물
죽어가는 흙 생각이야.
공기니 물이니 흙 따위엔 관심이 없다고?
그 무관심은 오늘날 아주 큰 죄악.
사람이 죽든지 말든지
생물이 사라지든지 말든지
지구가 멸망하든지 말든지
눈앞의 이익만 챙기겠다고?
이 나라 다른 나라 할 것 없이
그러한 돈벌레는 인류의 공적.
국가 예산은 환경 보존에도 많이 써야 하고

번 돈은 공해 방지에 아낌없이 써야 해.
중요한 건 정권 유지, 정권 쟁탈이 아니야.
중요한 건 생태계 문제에 심각한 관심을 기울이는 정부의 탄생이야.
중요한 건 세계 지배, 공해 기업 수출이 아니고
군비나 전쟁이 아니며
지구인이 공동 운명이라는 거,
생태계 보존을 위해 우선 신경쓰고 돈을 쓰는 일이야.
급한 일이 뭔지 모르는가?
물이니 공기니 흙이니 하는 것엔 관심이 없는가?
오로지 권력 오로지 이익에만 관심이 있는가?
그런 정치 그런 경제는 완전한 허구,
도무지 그 참뜻을 모르는 것이야.
국민 살리자는 게 정치 아닌가?
사람 살리자는 게 경제 아닌가?
먹고 마시고 숨쉬는 게
사는 길일 뿐만이 아니라 이제는
삶과 죽음의 갈림길인데,
너나없이 고스란히 죽음에 노출돼 있는데,
정신나간 싸움만 하고 있다니
어찌됐든 돈 벌 궁리만 하고 있다니.
우리들은 또 각자

더 더 더 하면서
정신없이 내달리기만 하고
생명의 기본 물과 공기와 흙에 대해서는 도무지
관심도 없는 것인가?

늦기 전에 정신차려 기약해야 한다
생명 살리는 세계 살림
생명 살리는 나라 살림
생명 살리는 집안 살림,
서둘러 열심히 생각해야 한다
녹색 사상 녹색 예산
녹색 기업 녹색 소비를 ——
맑은 공기
맑은 물
산 흙 그 큰 품 속에
모든 생명 흥청대는 세상을 위해!

구두를!

가령 마피아 영화 봤지
하여간 그런 영화에서 말야
두목인 듯싶은 사람 말야
얼굴이 나오기 전에 발을,
걸어가는 발이든 앉아 있는 발이든
구두 신은 발을 보여주기도 하지 않던가.
그게 한결 으스스하고
하여간 그럴듯하단 말이지.
그래서 하는 말인데
우리 정치 한다는 사람들
무슨 거물급이란 이들일수록
신문이나 TV에 얼굴을 자꾸
낼 게 아니라 구두를,
얼굴은 이제 그만 내고 제 구두를
내자는 거야.
하여간 얼굴 대신 그 사람
구두를 내자는 거야.

보는 사람도 무슨 낙이 좀 있어야지!
(너무하시는 우리의 몫이여)

슬픔

1

세상을 돌아다니기도 하였다.
사람을 만나기도 하였다.
영원한 건 슬픔뿐이다.

2

덤덤하거나 짜릿한 표정들을 보았고
막히거나 뚫린 몸짓들을 보았으며
탕진만이 쉬게 할 욕망들도 보았다.

영원한 건 슬픔뿐이다.

겨울산*

겨울산을 내려오면서
뒤를 돌아본다.
희끗희끗 눈 덮인 산,
계곡들은 차고 맑은데
거기 네 모습이 어른거려
자꾸 발을 멈춘다.

──너는 아프냐

돌아보면 차가운 계곡
차가운 계곡뿐인데
네 모습이 거기 어른거려
내 뒤에서 자꾸 잡아당겨
돌아서서 한참 바라본다.

──너는 아프구나

어느 날 네가
북한산 계곡에서 잃어버린 시계,
시간을 靑山에 묻었으니
마음은 문득 푸른 하늘이었는데,

우리의 몸은 또 무겁고
네 病床의 시간이 나를 따라다닌다.

──너는 아프구나
〔여기까지 쓰고 未完으로 놔두기로 함〕

* 이 작품과 뒤따르는 작품 4편은 『문학과사회』 1990년 겨울호의 김현 추모 특집을 위해 씌어진 것이다.

황금 醉氣 1
── 김현과 어울린 술자리

나는 취하고 자네 또한 즐겁거니
陶然히 둘이 함께 세속 생각 잊었다
──李白,「終南山을 내려오다가 斛斯山人 집
　에 자면서 술을 마시다」에서

술이여 그대는 최고의 연금술사
납덩이 인생을 황금으로 바꾸누나
──오마르 카이얌,『루바이아트』에서

그 수줍은 肉德과 酒德은 대충
和唱하는 것이었지만,
마시면 그저 좋을 뿐이니
좋은 일을 어찌 마다했으랴.
인생살이 안팎이 실은
단근질이니
불에는 불로! 라는 듯
물불 타올랐거니 ──

맥주 거품은 늘 왕관모양!
구름모양! 부풀어올랐고
그야 우리는 왕관부터 구름부터 마셨으며

취기는 거기 달린 장식
구슬 영락처럼 찰랑댔다.

사람 사귀기 문학 얘기 그리하여
편하고 훈훈하게 피어오르고
그 술 연금술 또 말과 사람을 황금으로 만들어
우리는 바야흐로 금에 홀린 黃金狂,
가끔은 서로 황금 불알도 만졌느니.

지는 것이 이기는 거라
술이 우리를 이기고
작부가 우리를 이기며
시간이 우리를 이기는 동안
우리는 실로 내장을 다해 웃었느니,
집도 절도 없는 그 웃음들은
이제 무슨 집 무슨 절로 서 있는지—

정이 많아서
──정부 김현

정이 많아서
숨겼지
눈물이 나올까 봐
숨겼지

그래도 못 숨겨
놀아났지
情夫 情婦로
놀아났지

시인 소설가
동료 후배들
해해 낙낙 해낙낙하게는
이 술집 저 술집 유정 삼만 리

사람 욕심 술 욕심
글 욕심 합해서
花柳는 不知足이라
그렇게 엇비슷 흐을렀지

정이 많아서

숨겼지
눈물이 나올까 봐
놀아났지

황금 醉氣 2
──문학평론가 김현

시간의 절정들이
우리를 에둘러 싸여 있고
우리가 사랑하는 것들
가까이 살고 있으니
──횔덜린, 「파트모스」에서

기분 좋은 글에 취한 목소리
종소리 울려 보냈다
(지금 들으니 더 그렇지만)
종에는 종이라는 듯
종소리 울려 보냈다

여운이여 끝이 없구나

마른 나뭇잎

마른 나뭇잎을 본다.

살아서, 사람이 어떻게
마른 나뭇잎처럼 깨끗할 수 있으랴.

亡者의 시간
── 가을날 김현 무덤에 가서

네가 세상을 떠난 지 석 달이 지났다.
亡者가 천지에 퍼트리는 허전함은
시간이 흐를수록 깊어지고 넓어지는 법,
그런 천지를 헤엄쳐 우리는
추석 무렵 네 무덤으로 간다.

아침 공기는 차고, 이슬에 젖으며 올라간다.
幽宅이 있는 산꼭대기로 해가 떠올라
옹기종기 서 있는 가족 친구 후배들을 비추고
기독교식 제사를 비춘다.
기도가 시작됐고 나는 눈을 뜨고 있는데
잠자리 한 마리가 내 오른쪽 가슴에 와서 앉는다.
이런 시간에 날개 달린 게
가슴에 와서 앉으니
왜 그게 네 혼이라고 여기지 않겠느냐!
 (저세상과 통화하는 시간은 짧지 않았는데 그 동안 그놈은 참 조용히도 앉아 있다가 끝나자 날아갔다)

청명 가을날에 네 죽음이 또 두루, 맑게 해
둘러앉아 떡과 삶은 밤을 먹는 사람들이 모두
투명한 나머지 헛것으로 보였다.

살은 없고 사람 모습의 공기
살은 없고 사람 모습의 햇빛
가을빛에 타 하얗게 사윈 재……

앞서거니뒤서거니 죽는 날까지 우리를
亡者의 시간 속에 있게 하는 것,
그게 우리 마음에 불어오는 네 좋은 선물이구나.
숨어서 솟아나는 샘물과 같이
衆香國* 근처의 공기 같은 걸 퍼트리고 있구나.

> * 衆香國: 아는 분은 아시겠지만, 恒河의 모래와 같이 수많은 부처의 나라를 마흔두 번 지난 곳에 중향이라는 나라가 있는데, 그곳 부처의 이름은 香積. 이 나라의 향기로움은 시방의 모든 부처님 나라의 중생과 천상 사람의 향기와는 비교도 되지 않는 최상의 것이다. 『維摩經』에 나오는 얘기다.

쓸쓸함이여

슬픔이여, 金剛力士여,
겨울 저녁과 함께
김현 사진과 함께
오도다, 퍼지고 퍼지는 것이여

쓸쓸함이여, 우리 神位여,
흘러가는 것들과 함께
없는 친구와 함께
깊도다, 물들고 물드는 것이여

이 세상 다 빼앗겼네
슬픔 金剛이여
이 마음 다 빼앗겼네
쓸쓸 神位여
몸도 다 빼앗겼네
허전 力士여

요격시 1

다른 무기가 없습니다
마음을 발사합니다

두루미를 쏘아올립니다 모든 미사일에
기러기를 쏘아올립니다 모든 폭탄에
도요새를 쏘아올립니다 모든 전폭기에
굴뚝새를 쏘아올립니다 모든 포탄에
뻐꾸기를 발사합니다 무기 공장에
비둘기를 발사합니다 무기상들한테
따오기를 발사합니다 정치꾼들한테
왜가리를 발사합니다 군사 모험주의자들한테
뜸부기를 발사합니다 제국주의자들한테
까마귀를 발사합니다 승리 중독자들한테
발사합니다 먹황새 물오리 때까치 가마우지……

하여간 새들을 발사합니다 그 모오든 死神들한테

달맞이꽃

달맞이꽃은 그렇다
달이 생긴 이래의 온 달빛이
두고
두고
거기 물들어
눈부셔 精彩일 따름이다.
슬픈 달빛 그 메아리
기쁜 달빛 그 메아리
메아리 光波
달빛 색골.

또 보름달 같은 데 날아가 앉아
그 빛을 採蜜해온 벌들이
그 光蜜을 넣어주고
또 넣어주고
그게 퍼져
퍼지고 퍼져
무한 허공과 솔기 없이 이어진다

色深淵이여
닿을 길이 없구나

환합니다

환합니다.
감나무에 감이,
바알간 불꽃이,
수도 없이 불을 켜
천지가 환합니다.
이 햇빛 저 햇빛
다 합해도
저렇게 환하겠습니까.
서리가 내리고 겨울이 와도
따지 않고 놔둡니다.
풍부합니다.
천지가 배부릅니다.
까치도 까마귀도 배부릅니다.
내 마음도 저기
감나무로 달려가
환하게 환하게 열립니다.

잠꼬대

잠꼬대—
너무 깊고
너무 슬프고
그리고
무섭다

빵

　　술 한잔 하고 어떤 빵집 앞을 지나는데 그 집 앞에 내 키 반만한 플라스틱 인형을 세워놓았다. 안에 불을 켜 환한 인형 거죽에 '빵' 이라고 써놓았는데, 그걸 보는 순간 내 속에도 불이 들어와 환해진 다. 그 '빵'에 참여한 모든 사람들——농부와 양곡상과 운전사와 방 앗간집과 빵 굽는 이와 빵집 주인과 인형 만든 이와 전기 기술자와 간판장이와 그외의 여러 사람들이 한꺼번에 떠오르면서 '빵'이 있 기까지 줄줄이 보이는 그 사람들의 실루엣이 너무 이뻐서 나는 그 '빵'을 앙꼬처럼 이리 빨고 저리 핥고 하여간 그러면서 걸어왔다.

깊은 흙

흙길이었을 때 언덕길은
깊고 깊었다.
포장을 하고 난 뒤 그 길에서는
깊음이 사라졌다.

숲의 정령들도 사라졌다.

깊은 흙
얄팍한 아스팔트.

짐승스런 편리
사람다운 불편.

깊은 자연
얕은 문명.

물소리

산골짜기
물소리,
말이 가뭇없다
물소리,
아주 흘러가버린
내 혓바닥.

올해도 꾀꼬리는 날아왔다

5월 7일 오전 9시 43분
올해 첫 꾀꼬리 소리.
얼마나 반가운지,
소리나는 쪽을 쳐다보고
또 쳐다보고.

올해도 꾀꼬리는 날아왔다.
마음놓인다, 꾀꼬리야,
(걱정 많은 생명계의 균형의
숨은 움직임을 번개처럼 알리니)
네 소리의 품 속에 안기고 또 안긴다.
네 소리의 經典에 비하면
다른 경전들은 많이 불순하다.
번개처럼 귀 밝히며
또한 천지를 환히 관통하는
이 세상 제일 밝은 光音, 새소리!

아, 올봄도 꾀꼬리는 날아왔다
1991년 5월 7일 오전 9시 43분.

요격시 2

다른 무기가 없습니다.
마음을 발사합니다.

토마호크 미사일은 떨어지면서 새가 되어 사뿐히 내려앉았습니다.
스커드 미사일은 날아가다가 크게 뉘우쳐 자폭했습니다.
재규어 미사일은 떨어지는 순간 꽃이 되었습니다.
패트리어트 미사일은 날아가다가 공중에서 비둘기가 되었습니다.
지이랄 미사일은 바다에 떨어져 물고기가 되었습니다.
도라이 미사일은 사막에 떨어지면서 선인장이 되었습니다.
자기악마 미사일은 어떤 집 창 앞에 떨어지면서 나비가 되었습니다.
디스페어 미사일은 어떤 집 부엌으로 굴러들어가 숟가락이 되었습니다.
플레이보이 미사일은 어떤 아가씨 방으로 숨어들어가 에로스가 되었습니다.
머어니 미사일은 어느 가난한 집 안방에 들어가 금이 되었습니다.
우라누스 미사일은 땅에 꽂히는 순간 호미가 되었습니다.
제구덩이 미사일은 저를 만든 공장으로 날아가 그 공장을 날려버

렸습니다.
 머커리 미사일은 아주 작아져 어떤 아이 호주머니 속으로 들어가 속삭였습니다: 이걸로 엿이나 바꿔 먹어.
 ……

 우리는 저 시체들의 폐허 위에서 부르짖습니다
 (UN의 힘을 훨씬 더 강화하면서)
 UN은 무기 개발을 지금으로부터 영원히 중지하는 결의안을 채택하라!

청천벽력

여름날 오후, 만삭으로 보이는 배부른 여자가, 입을 헤 벌리고, 다리 달린 카메라를 들고 있는 남편의 손을 잡고, 걸어온다, 하,
청천벽력이다.
(그 그림이 어째서
그 순간 어째서
청천벽력이었는지——하여간)
그렇게 걸어온다, 그리고 카메라는 그 광경을 무한 복사한다 찰칵 찰칵 찰칵 찰칵 찰칵 찰칵……
여름날 오후
오로지 혁명적인 공간 나무 그늘을 지나
되풀이를 벗어나는 시늉으로 햇차를 사러
죽은 길 아스팔트 길을 걸어가는데, 하,
그런 청천벽력——
(再生)
만삭으로 보이는 배부른 여자가, 입을 헤 벌리고, 다리 달린 카메라를 들고 있는 남편의 손을 잡고, 걸어온다,
꽉찬 권태——
지루함이 지루함을 완성하고
複寫가 複寫를 완성하고
복사가 복사를 완성하고
복사가 지루함을 완성하고

지루함이 복사를 완성하고
포만에 겨워 포만에 겨워
터진다——청천벽력!

한 숟가락 흙 속에

한 숟가락 흙 속에
미생물이 1억 5천만 마리래!
왜 아니겠는가, 흙 한 술,
삼천대천세계가 거기인 것을!

알겠네 내가 더러 개미도 밟으며 흙길을 갈 때
발바닥에 기막히게 오는 그 탄력이 실은
수십억 마리 미생물이 밀어올리는
바로 그 힘이었다는 걸!

한 꽃송이

복도에서
기막히게 이쁜 여자 다리를 보고
비탈길을 내려가면서 골똘히
그 다리 생각을 하고 있는데
마주 오던 동료 하나가 확신의
근육질의 목소리로 내게 말한다
詩想에 잠기셔서……
나는 웃으며 지나치며
또 생각에 잠긴다
하, 쪽집게로구나!
우리의 고향 저 原始가 보이는
걸어다니는 窓인 저 살들의 번쩍임이
풀무질해 키우는 한 기운의
소용돌이가 결국 피워내는 생살
한 꽃송이(시)를 예감하노니……

겨울 저녁

등이 시린 걸 놔뒀더니
콧물이 나온다.
어두워지는 창밖을 보며
코를 푼다.

   아까 석유를 갖고 온 아저씨
   석유통을 들여놓고
   책상 위 무슨 신문인지를 들여다보았다.
   거기서 눈을 떼지 않고
   돈도 천천히 받고
   거스름돈도 천천히 주었다.
   (나는 그게 마음에 든다)
   그러고 나서도 여전히
   들여다보던 걸 들여다보았다.
   그러다가
   생각난 듯이 인사하고 나갔다.
   (나는 그 모든 게 마음에 든다)

난로를 피우고
전기 패드를 켜 등에 대니
콧물이 자취를 감춘다.

서운하다.
콧물이 그리워진다.
콧물과 함께 흐르던
무슨 정서
코를 풀면서 지나가던
어떤 가난과 쓸쓸함이
자취도 없다.
가난이여,
마음의 고향이여.

사자 얼굴 위의 달팽이

태평양 海霧 떼거리가 밀려오고 있었다.
加州 해안의 한 미술관 앞. 밤.
등을 켜놓아 눈을 살리고 보이는 것들을 살려냈다.
대리석 사자 두 마리가 완고한 위엄으로 앉아 있었다.
하, 그런데 그 뺨 위에
사자 뺨 위에 달팽이가 한 마리 앉아 있었다!
物活, 物活, 흘러가는 바다 안개 속에
(비극 속의 어릿광대처럼) 달팽이는 마악
사자 얼굴을 웃겨놓고 있었다.
달팽이 자기는 온몸으로 웃으면서
웃지 않는 사자를 웃기고 있었다.
사자는 웃기는 사자로 살아나고 있었다.
(그렇지 않으면 사자는 언제
요지부동의 맹수에서 벗어나겠는가.
어떻게 일거에 우리한테 그렇게 가까이 오겠는가.)
사자의 뺨 위에서 달팽이는
하여간 그런 위엄 있는 일을 하고 있었다.

뭐가 생각하나?

하여간 사람이 생각하지 않는 건
틀림이 없다.
그럼 뭐가 생각하나?
자동차가 생각하고
기계가 생각한다.
자동차든 권력이든 그 무엇이든
강한 외피를 입으면 사나워지고
천지를 毒으로 덮는다.
생각하지 않으니
사람이 없다.
그럼 뭐가 생각하나?
돈이 생각하고
물질들이 생각한다.
길을 건너갈 때나
공장을 돌릴 때나
골프를 칠 때나
맹목이 발을 놀리고
서둘러 죽음을 불러들인다.
정부도 정유 회사도 자동차 회사도
무슨 기업 무슨 개발 무슨 쇠발도
무슨 생각을 하는 것일까?

가령 저 대기의 유독 물질이 물질인가?
그건 마음이다.
마음이 없어서 생기는 재난이다.
사람이 생각하지 않고
그럼 뭐가 생각하나?
아황산가스가 생각하고
농약이 생각하며
납이 생각한다.
보라, 저 하늘에서
명상에 잠겨 있는 유독물群을,
예외 없이 저희들의 밥인
생명을 파고드는 흉몽을.
아직도 꿈을 못 버려
저 꽃들의 삼매를 못 버려
하는 얘기지만,
사람이 생각하지 않는 건
틀림이 없다.
곡식은 자라고
안팎이 격랑인데
정치 경제 군사
무엇무엇 그 어느 것도

물귀신 놀음은 없어야지.
제대로 하면 그게 꽃이니.
뜨는 해의 삼매에 비춰
하는 얘기지만.

저 웃음 소리가

아침나절 찬 공기 속에
발 걸고 거꾸로 누워 허리 운동 하는
틀 위에 거꾸로 누워 있는데
샘물 떠가지고 가는 아주머니들이
깜짝이야! 하면서 깔깔깔 지나간다.
저 어투 속에서 우리네 아침은 밝고
저 웃음 소리가 태양들을 하늘에 굴린다
나도 덩달아 까치처럼 껑충거리며
산길을 내려온다.

구름

지리산 근처의
구름 보셨어요?
(그 아래 질주하는
자동차도 보셨지요?
경주가 안 되지 않아요?)
하여간 그 아래서 나는
시골 버스를 기다리면서
큰 산들에 둘러싸여 행복하여
버스는 오든지 말든지
그냥 거기 공기로 섞여 어정거리며,
여러 해 전 새재 골짜기에서
구워먹은 구름 생각도 했습니다.
그때 골짜기에서
돌 위에 고기를 구우면서
내가 창자를 다해 구워먹은 건 실은
피가 되고 살이 되는
구름이었습니다.

나무 껍질을 기리는 노래

서 있는 나무의
나무 껍질들아
너희를 보면 나는
만져보고 싶어
손바닥으로 너희를
만지곤 한다.
그것만으로도 나는
너희와 체온이 통하고
숨이 통해
내 몸에도 문득
수액이 오른다.
견디고 견딘
너희 껍질들이 감싸고 있는 건
무엇인가.
나이와 세월,
(무엇이 돌을 던져 나이는
波狀으로 번지는지)
살과 피,
바람과 햇빛,
숨결,
새들의 꿈,

짐승의 隱身과 욕망,
곤충들——
더듬이와 눈, 그리고
외로움,
시냇물 소리,
꽃들의 비밀,
그 따뜻함,
깊은 밤 또한
너희 껍질에 싸여 있다.
천둥도 별빛도
돌도 불꽃도.

다람쥐를 위하여

내 일터 얼마 안 되는 도토리나무숲에 도토리가 떨어지면, 어디서 왔는지 아줌마 아저씨들이 비닐 봉지나 무슨 헝겊 주머니 같은 걸 갖고 와 도토리를 주워담는다. 떨어진 걸 다만 주워담는 게 아니라 돌로 나무 기둥을 치거나 장대로 가지를 쳐 떨어트리기도 한다. 또 보이는 것만을 줍는 게 아니라 가랑잎을 파헤쳐 그 속에 있는 것까지 깡그리 주워간다. 싹쓸이다.

숲에 다람쥐가 꽤 많았으나 해가 갈수록 줄어들어 이제는 거의 보기 힘들어졌다.

나는 산보를 하다가 한심하고 딱해서 아줌마 아저씨들을 야단치기도 하였다. 사람들은 먹을 게 많지 않느냐. 하다못해 라면이라도 있지 않느냐. 다람쥐는 먹을 게 도토리밖에 없지 않느냐. 주워가더라도 다람쥐 먹을 건 좀 남기고 주워가야 하지 않느냐…… 그러나 소용이 없다. (도토리묵 장사들이 도토리 한 말에 얼마씩 주는지 모르겠으나) 돈이 되면 뭐든지 싹쓸이다.

싹쓸이하는 손에 비하면, 도토리 하나 쥐고 오물오물오물오물 먹는 다람쥐의 두 손은 너무 이쁘다.

꽃피는 상처
── 1992년 원단

남북이 갈린 자리
땅 위에도
마음속에도
상처가 깊었다.
피가 계속 흘렀으나
체제들은
그걸 고치려 하기는커녕
나쁜 목적을 위해
그걸 이용했다.
상처를 이용하다니!
(계속되면 죽는데)
출혈을 이용하다니!
남의 상처도 아닌
제 몸의 상처를!
그 상처로 아픈 사람은
그걸 고칠 힘이 없었고
힘이 있는 사람은
아프지 않았다.
이 민족의 삶은 그리하여
출혈이 심하고
꼬이고 꼬여왔다.

마음 고생도 크고
몸 고생도 컸다.
무겁고 힘들었다.

그런데
그런데 말이지
무슨 소리가 들리는 것 같다
얼음이 녹는 소리,
녹아 봄 햇빛 아래
반짝이는 소리,
(잘돼야 할 텐데)
아픈 데가 나으려는지
이 땅의 어디어디
근질근질 풀리는 소리,
온갖 동식물들
수런대는 소리,
(나쁜 마음으로 하면 안 되는데)
애기가 통해
피가 통해
근질근질
수런대는 소리

들리는 것 같다.
아, 꽃피는 소리
(그래야 할 텐데)
상처에서 꽃피는 소리!

세상의 나무들
1995

부엌을 기리는 노래

여자들의 권력의 원천인
부엌이여
利他의 샘이여,
사람 살리는 자리 거기이니
밥하는 자리의 공기여,
몸을 드높이는 노동
보이는 세계를 위한 聖壇이니
보이지 않는 세계의 향기인들
어찌 생선 비린내를 떠나 피어나리오.

여름날

여름날 한가한 시간,
천둥은 구름 속에 굴러다니고
비는 쏟아지다 말다 하고
뻐꾸기 소리 들리는
여름날 오후,
그러한 때는 어떻든
유복하구나 은총이여.

한가한 시간도 천둥도
비도 뻐꾸기 소리도 다 보물이지만
그 合奏에는 고만 多幸症을 앓으며
한가함과 한몸
천둥과 한몸
비와 한몸
뻐꾸기 소리와 한몸으로
나도 우주에 넘치이느니.

둥글고 둥근 소리들이여
(자동차 소리나 무슨
사이렌 소리는 비열하게도
그 보석을 깨는구나)

온몸에 퍼지는 메아리
여름 한때의 은총이여.

모기

후텁지근한 여름날 오전
모기 한 마리 창밖에서
유리에 몸을 부딪하고 있다.
유리 너머에서도 이 안의
피냄새를 맡는 게다, 그렇지 않고서야
저렇게 맹렬히 부딪겠는가.
피를 빨아야겠다
피를 빨아야겠다라면서
유리에 육박하다 날아간다.
모기야, 네 동료
인간 세상으로 날아가느냐.

또 하루가 가네

1

저녁 어스름을 내다보며
나는 한숨짓는다
또 하루가 가는구나……

오늘도 멀리 가지 못했다……

2

그나마 어린 시절까지는 간 모양이다
끄적거려놓은 바 이러하니 —
"누구의 어린 시절이든지
어린 시절은 전설이며
우리한테 각자의 어린 시절이 있다는 점에서
우리는 모두 전설적인 존재들이다"
그러나 지나가버렸다구?
벌써 끝난 얘기라구?
어린 시절 얘기를 하면 모두 上氣되는데두?
시라는 이름의 그 전설의 고고학이 있는데두?

하여간 다른 전설은 만들지 말어.
군살로 생살을 누르지는 말어.
봐, 오해하지 말라며 꽃이 피잖어?
잘못 생각했다고 새가 울잖어?

3

방안에 꽃다발이 환하다.
세상을 바꾸는 꽃 한 송이.
짐짓 혁명적이랄 수 있는
한 송이 모험, 한 송이 변화는 없느냐.
허구한 날 골만 어지러운 꿈 ─
한 송이 그런 꽃이여.
두개골 속의 폭풍이여.

4

술판으로 달려간다.
요새 정신주의란 말이 유행이란다.
지금은 맥주주의다.

항상 이상한 건
맥주를 마시면 마신 것보다 오줌이 더 나오고
소주를 마시면 마신 것보다 오줌이 덜 나온다는
그 점이다.

기우이기를 바라지만
행여나 정신주의란 말 뒤로
몸을 숨길까 봐 걱정이고,
정작 시의 살과 피가
그 구멍으로 새버릴까 봐 걱정이다.
(또 무슨 '주의'로는 물론
시를 만나볼 수 없고)
나로서는 실은
제정신주의를 제창한다.

5

저녁 어스름을 내다보며
나는 한숨짓는다
또 하루가 가는구나……

그 두꺼비

여름날 축령산 잣나무숲
이끼 낀 바위 위에 웅크리고 있던
참 오랜만에 본 갈색 두꺼비,
내가 엎드려 들여다봐도
태평인지 숨은 건지 끄떡도 하지 않던
한 神出——자연만큼 깊고 두툼한 등허리,
그 흑갈색 등허리에 어려 있던
숲그늘, 흙냄새, 계곡 물소리,
갖은 곤충들과 풀잎과 하늘,
그 등허리 깊은 색깔 속에 선명하던
또 저 무한 천체들……

그 두꺼비 등에 올라 나는
오늘 기운을 좀 차리이느니

스며라 그림자

 어느 여름날 밤 지리산 추성 계곡 한 민박집 마당에 켜놓은 밝은 전등에 환히 드러난, 산길 내느라고 자른 산 흙벽에 비친 내 거대한 그림자에 나는 놀란 적이 있다.
 그도 그럴 것이, 순간 그 그림자는 이미 흙벽에 각인된 化石이었으며, 그리하여, 法悅이었는지 좀 어지러우면서, 나는 화석이 된 내 그림자의 깊음 속으로 빠져들어갔다. 그러면서
 속으로 가만히 부르짖었다——스며라 그림자!

 (전등에는 갖은 부나비떼와 곤충떼가 난무하고 있었다)
 (깊은 산 한밤중 전등 불빛에 환한 잘린 산 흙벽에 비친, 확대되어 거대한, 그림자의 압도는 한번 겪어볼 일이다)
 (향기로운 無. 기타)

 꿈이었는지…… 化石 그림자……

한 하느님*

나무 심는 사람 엘지아 부피에,
한 프랑스 작가가 알려준 神人,
알프스 고지대 버려진 땅에
나무 심어 물을 내고 새들을 부르고
죽은 땅을 살려 생명을 붐비게 한
글 모르는 시골 사람,
세상일 아랑곳하지 않고,
말없이,
무엇보다도 말 같은 거 하지 않고,
심은 나무로만 말을 하고
흐르는 물로만 말을 하며
새들의 지저귐
피는 꽃들로만 말을 하는
한 하느님
사람의 모습을 한
한 하느님.

* 이 작품은 프랑스 작가 장 지오노가 쓴 「나무를 심은 사람」의 감동의 여운임.

가을날

일은 손에 잡히지 않고
가을 저 맑은 날과
숨을 섞어
가없이 투명하여
퍼지고 퍼져
천리 만리 퍼져나가는
이 쓸쓸함은 무엇인가.

감자나 캐라
벼나 베라 하는 소리
들리지 않는 바 아니나
용서하라 이 가없는 虛鬼,
감자를 캐도 근절은 안 되고
배불리 삶아 먹어도 천만에
채워지지 않을
이 쌩——한
머나먼 적막을.

하늘의 火輪

　태양 관측 인공 위성이 찍은 태양을 본다.
엄청난 화염 폭풍에 휩싸여 있다. 엑스레이
방출이란다. (불덩어리인 줄이야 알았지만,
그렇게 뚜렷한 불길 소용돌이는 처음 본다.)

내 몸의 방사능도 피도 열 올라 소용돌이친다.
(三生이 다 그렇듯이,
우리가 다 흙이며 물이듯이,
우리는 또 항상 熱 아니냐)

다하지 않는 에너지
하늘의 火輪이여
너는 나무들과 꽃들과
씨앗과 피톨의,
그 둥근 불꽃들의 和唱에 또한
싸이거니와,
너를 휩싸는 내 노래의 소용돌이도
인공 위성은 찍어야 하리,

불타는 둥근 거울이여
나에게 引火되어

내 속에
굴러다니는 火輪이여

구름의 씨앗

바다에 사는 식물성 플랑크톤 에밀리아나 헉슬레이 *Emiliana Huxleyi*는 이산화탄소를 흡수하는 능력이 탁월할 뿐만 아니라 구름의 씨앗인 황화메틸을 만들어내는 능력이 뛰어나 생물계의 가장 중요한 구성원의 하나다.

구름의 씨앗의
또 그 모태인
에밀리아나 헉슬레이,
털실로 짠 공 모양에
분화구 모양 꺼진 데가 많은
에밀리 양을
여보세요 죽이지 마세요,
바다가 망가져
에밀리 양이 죽으면
구름도 없고 비도 내리지 않을 테니까요.

생물학도 기상학도
해양물리학도 지구화학도
그 아무것도 잘 모르는 제가 전에
살이 되고 피가 되는 구름을

노래한 게 엉뚱한 게 아니었어요.
구름은 실로 우리 살의 씨앗
우리 피의 씨앗이니까요.

땅 위의 산 것들,
한때는 기체이다가
또 고체이다가
액체이기도 한 우리들,
저 밑도끝도없는 시간 속에서
우리는 플랑크톤 아니에요?
풀 아니에요?
구름 아니에요?
에밀리 양 없이 구름 없듯이
구름 없이 내가 있어요?
구름을 죽이지 마세요
죽은 구름은 죽은 우리
죽은 구름은 죽은 하늘
죽은 하늘은 죽은 땅……

어디 들러서

거기 좀 가 있다가
어디 들러서
애들 있는 데 좀 가 있다가……
이런 말들은 당장 쓸쓸하다.
어디도 쓸쓸하고
좀도,
있다가와 갔다가도
많이 쓸쓸하다.
가고 오고가 다
하늘처럼 벌판처럼
가이없이……

새소리

저 꾀꼬리 소리 좀 봐
넘쳐 흐르는 말씀을—
여기다 집을 지어라
여기다 집을 지어라.
또 저 뻐꾸기 소리—
여기다 집을 지어라
여기다 집을 지어라.
어떤 멧새도 그렇게 노래한다
여기다 집을 지어라……

그렇게 그 소리의 무한은
열리고 또 열리어
보인다 바람과 그늘과 초록의
우주,
흙과 벌레
천둥 번개의 우주가……

봄이면 나는 내내
저 새소리의 집에서 산다.
한없이 넓고 둥글고
그리고 편안하다.

그립다고 말했다

두루 그립다고
너는 말했다.
그러자 너는
꽃이 되었다.

그립다는 말
세상을 떠돌아
나도 같이 떠돌아
가는 데마다
꽃이 피었다.
닿는 것마다
꽃이 되었다.

그리운 마음
허공과 같으니
그 기운 막막히 퍼져
퍼지고 퍼져
마음도 허공도
한 꽃송이!

두루 그립다고
너는 말했다.

이슬

강물을 보세요 우리들의 피를
바람을 보세요 우리의 숨결을
흙을 보세요 우리들의 살을.

구름을 보세요 우리의 철학을
나무를 보세요 우리들의 시를
새들을 보세요 우리들의 꿈을.

아, 곤충들을 보세요 우리의 외로움을
지평선을 보세요 우리의 그리움을
꽃들의 三昧를 우리의 기쁨을.

어디로 가시나요 누구의 몸 속으로
가슴도 두근두근 누구의 숨 속으로
열리네 저 길, 저 길의 무한—

나무는 구름을 낳고 구름은
강물을 낳고 강물은 새들을 낳고
새들은 바람을 낳고 바람은
나무를 낳고……

열리네 서늘하고 푸른 그 길
취하네 어지럽네 그 길의 휘몰이
그 숨길 그 물길 한 줄기 혈관……

그 길 크나큰 거미줄
거기 열매 열은 한 방울 이슬——
(眞空이 妙有로 가네)
태양을 삼킨 이슬 萬有의
바람이 굴려 만든 이슬 만유의
번개를 구워먹은 이슬 만유의
한 방울로 모인 만유의 즙——
천둥과 잠을 자 천둥을 밴
이슬, 해왕성 명왕성의 거울
이슬, 벌레들의 내장을 지나 새들의
목소리에 굴러 마침내
풀잎에 맺힌 이슬……

날개 소리

아직 해가 있어
이 도시의 저 매연,
죽음의 명상의,
저 숨막히는 毒의
파노라마가 잘도 보이는
이른 저녁,
죽은 소리 죽이는 소리 저 자동차들의
굉음과 소음으로 밀봉된 도시의
아스팔트를 조금 벗어난
숲길에서 문득, 아,
날개 소리!
(날아오르는 산비둘기)
'아!' —— 왜냐하면
그 순간의 신선함을
말할 길이 없으므로,
(말은 참 모자란 연장이므로)
날개 소리 신선해, 문득
탁 트여, 한없이 열려
퍼지는 푸르름,
이 몸, 에테르,
무한에 넘쳐, 꽃피는 공,

팽창하는 공, 푸르른 이 마음,
암브로시아,* 생명의 떡,
새벽빛에 물드는 핏줄,
솜털 끝에서 탕탕 튀는 공기……

   * 암브로시아: 그리스·로마 신화에서 먹으면 不老不死한다는 신의 음식.

세상의 나무들

세상의 나무들은
무슨 일을 하지?
그걸 바라보기 좋아하는 사람,
허구한 날 봐도 나날이 좋아
가슴이 고만 푸르게 푸르게 두근거리는

그런 사람 땅에 뿌리내려 마지않게 하고
몸에 온몸에 수액 오르게 하고
하늘로 높은 데로 오르게 하고
둥글고 둥글어 탄력의 샘!

하늘에도 땅에도 우리들 가슴에도
들리지 나무들아 날이면 날마다
첫사랑 두근두근 팽창하는 기운을!

지평선과 외로움 두 날개로

지금은 어디쯤 가고 있나, 어디만큼
그야 유사 이래 가네 세상 끝날 때까지 —
가네 지평선과 외로움 두 날개로
새들이 날아가는 길,
가네 곤충들의 눈동자에 어리이는
어리이는 지평선 半暗 멀리
한 물건 우리 그림자 가네.

'무죄다'라는 말 한마디
—— 황인철 변호사 영전에

차가운 하늘을 날아가는 겨울 오리들
틈에 끼여서 그대도 날아가고 있구나.
춥겠다.
그대의 깃은 아직
세상을 따뜻하게 하고 있는데……

격동이 그대의 몸을 뚫고 지나갔다.
온몸으로 그대는 격동을 뚫고 지나왔다.
'무죄다'라는 말 한마디
그 말 한마디
모든 '유죄'를 감싸고,
양심을 부추기고,
분노를 어루만졌다.
정치는 바닥을 기고
무법이 서슬 퍼러며
그러나 대개 손을 놓고 있던 시절,
'무죄다'라는 말 한마디
어둠 속에서 반짝였고
그리로 겨우 숨을 쉬었다.

그렇게 우리 숨길 터주던 그대,

옳은 자리, 착한 자리가 법
아름다운 자리가 곧 법이던 그대—

차가운 하늘을 날아가는 겨울 오리들
틈에서 그대를 본다.
춥겠다.
그대의 깃은 아직
세상을 따뜻하게 하고 있는데……

붉은 가슴 울새
──어바인 시편 1

붉은 가슴 울새는
가슴털 색깔이 붉어
오호라 심장이 말하자면
바깥에 나와 있는 셈인데요
(새들의 심장은 실로
깃에 깃들여 있거니와)

봄에 그 붉은 가슴은
아침마다 창가에 와서 울어
아침의 저 신선 투명을
제 목소리 속에 굴려,
굴리고 굴려,
그 빛 속에,
그 맑음,
그 방울 속에,
또는 사랑 덩어리와도 같이
우주는 한없이
생생하여
모든 가슴 두근두근 팽창하고 있었는데요

이 여름 그 새는 보이지 않아도

그 노랫소리는 여전히
귀에 울리고 있습니다
울리고 울려
내 사랑 자지러져.

집들의 빛
──어바인 시편 2

집들은 왜 저렇게 반짝이지?
그야 우선 저 눈부신 햇빛 때문이겠지만,
그 옆에 나무가 서 있고
그 속에 사람들이 살고 있으니.

집들은 왜 또 저렇게 반짝이지?
길이 그리로 들고나며
다른 길들은 또 옆으로 지나고
지붕 위로는 무한 하늘이니.

집들은 환하고 환하다
아침과 더불어 밝고
저녁과 더불어 어두워지며
햇빛 속에 고요히 쉬고 있으니.

하늘 아래 집이여,
싸움 속의 평화여,
그 옆에 서 있는 나무와 함께
너는 자라고 있다.

저 날 소용돌이

......시조차도, 나를 사로잡고 나를 헤매게 하며 나를 꿈꾸게 하는 것들의 저 생생하고 혼란스러우며 어처구니없어서 난처하고 그리하여 살아 있는 내 안팎의 신호들과 힘들의 소용돌이가 피워낸 한 꽃이요 전혀 새로운 움직임의 시작이며 따라서 또 하나의 세계의 열림인 시조차도, 저 날것, 저 날 소용돌이와 힘들에 비하면 아직도 덜 싱싱하고 덜 생생한 것이니, 나는 시를 쓰려고 한다기보다는 시라는 것을 태어나게 하는 그 힘들과 신호들의 소용돌이 속에 항상 있고 싶을 따름이며, 만일 내 속에서 시가 움튼다면 그 發芽는 마땅히 예의 그 소용돌이의 고요한 중심으로부터 피어나는 것이기를......

너울거리는 게 무엇이냐

너울거리는 게 무엇이냐
눈이냐 비냐
옷자락이냐
세상의 심장이냐

혼도 아줌마도
꿈도 아저씨도
너울거리고
산천도 바람도
얼굴도 손도
너울거리는구나

너울너울 몸이냐 마음이냐
너울너울 세상의 심장이냐

그림자

장례식에 참석한 사람들의 그림자가 물에 비쳤다.
나는 그 물을 액자에 넣어 마음에 걸어놓았다.
바라볼 때마다 그림자들은 물결에 흔들렸다.
그리고 나는 그림자들보다 더 흔들렸다.

까치야 고맙다

까치야 고맙다.
누가 너를 두고 한식구가 아니라고 한다면
그 사람이야말로 우리의 종족이 아니다.
고맙다 까치야.
우리네 집 근처에서 한결같이
오 한결같이 살아주어서
정말 고맙다.

무엇보다도 말이다
창밖으로 네가
이 나무에서 저 나무로 날아다니는 걸
보지 못한다면 우리가 어떻게
가벼워지겠느냐.
집 근처에서 네가 날아다니지 않으면
우리 동네들은 또 언제 꽃피어나겠느냐
나의 眼福이여.

네가 먹이를 물고 날아가
나무 위에서 먹을 때
우리는 또 찬탄한다
아주 조금 먹고도 살 수 있음을.

나의 眼福이여.

까치야 고맙다.

무너진 하늘

새들아
하늘의 化肉
바람의 정령들아,

새들아
보이는 神들
영원한 전설들아

너와 함께 실로
나도 날아오르고
날아오르고 하였느니

오늘 산보하다가 숲길에서
죽어 떨어진 까치를 보았을 때
그게 왜 청천벽력이 아니었겠느냐

하늘 무너지고
길은 죽고
나는 수심에 잠겼느니

새들아
세상의 기적들아

花煎
——어바인 시편 3

친구가 편지에
작년에 우리가 갔다가
羽化 직전에 간신히
살아 돌아온 閨華庵에서 먹은
화전 얘기를 써 보냈습니다.
그뒤 그 화전은
내 마음속에서 환하게 환하게
피어 있다가
또 답장으로 피어났습니다.
珊湖樹 그늘 아래 편지를 쓰노니
끓는 기름 속에 피는 꽃——
우리들, 그런 꽃.

움직이는 근심은 가볍다
―기차에 관한 명상

기차는 떠나서
기차는 달린다.
움직이는 건 가볍고
움직이는 근심은 가볍다.
달리는 기차 바퀴 소리의
그 꿈결이
이 기나긴 쇳덩어리를 가볍게
띄운다――꿈결 浮上 열차.
交行 때문에 서 있으면
근심도 서서 고이고
꿈꾸는 간이역도 보이지 않는다.
기차는 움직인다.
움직이는 건 가볍고
움직이는 근심은 가볍다.

私談

이삼 년 전에 끄적거려놓은
마무리 안 된 원고를 꺼내 읽어본다.
「私談」이라는 것이다.

"학교가 앵무새 둥지 아니냐.
남이 한 소리 따라 하고
제가 한 소리 또 하는
앵무새떼 아니냐.
나무, 꽃 바라볼 때나
시 읽을 때 말고는
이 노릇을 이 노릇을 하면서
날이 가는데,
또 애들은 이쁘고,
거기 서리는 엘릭서 눈부신 에로스의
청량 生氣로 장엄된
교정에서 가령
아침이 나팔꽃에 가듯이 녹아
어지럽기도 하지만

그렇다고는 하더라도……"

뭉개고 있다가 좀 고쳐서 이렇게 처리한다.
이 누추한 미련이여.

내 어깨 위의 호랑이
── 밤에 산을 오르내리며

추억은──
익는다

밤중에 四佛山을 오른다
달이 있으나 구름에 가려
계곡은 컴컴하고 길은 희미하다
낙엽 아래 잔돌이 많아
걷기가 쉽지 않고
일행의 전짓불이 길을 비춰준다

추억은 익어서 떨어진다

閨華庵 비구니 파란 머리들
인제는 익어서 달이 되어
제 키만한 높이에서 파랗게
구름에 가렸다 나왔다 하고,
달도 구름도 잘 익어서
밝거나 어둡거나 제 모습대로
익어서 모두 흐름 三昧

지나간 시간이여

익어서 떨어져야 보석이니

해골 썰렁한 암자를 지나
조선 소나무 서 있는 정상에 오른다
밤바람은 차고, 먼 외로운 불빛들.
우주를 한마당 노래방으로 만들고
(이런 노래방을 두고 왜 그
컴컴한 구석에서 소리들을 지르는지)
다시 길을 더듬어 내려온다.
이 밤에 산을 내려오니
막무가내로 나는 소리친다
"그놈의 호랑이 묵직하구나!"

즉시 익어버리는 시간도 있느니

나는 호랑이 한 마리를 잡아
짊어지고 내려왔던 것이다.
익은 시간 속의 전설이여
전설 속에 회복되는 시간이여
오, 내 어깨 위의 호랑이여

설렁설렁

바람은 저렇게
나뭇잎을
설렁설렁 살려낸다
(누구의 숨결이긴 누구의 숨결,
느끼는 사람의 숨결이지)

바람의 속알은
제가 살려내는
바로 그것이거니와

나 바람 나
길떠나
바람이요 나뭇잎이요 일렁이는 것들 속을
가네, 설렁설렁
설렁설렁.

개들은 말한다

개들은 말한다
나쁜 개를 보면 말한다
저런 사람 같은 놈.
이리들은 여우들은 뱀들은
말한다 지네 동족이 나쁘면
저런 사람 같으니라구.

한국산 호랑이가 멸종된 건
개와 이리와 여우들 탓이 아니지 않은가.
한국산 호랑이의 멸종은
전설의 멸종
깨끗한 힘의 멸종
용기의 멸종과 더불어 진행된 게 아닌가.
날[生] 기운의 감소
착한 의지의 감소
제정신의 감소와 더불어 진행된 게 아닌가.
한국산 호랑이의 멸종은 하여간
개와 이리와 여우들 탓은 아니지 않은가.

꽃잎 1

벚꽃잎 내려 덮인 길을
걸어간다——이건 걸어가는 게 아니다
이건 떠가는 것이다
나는 뜬다, 아득한 정신,
이런, 나는 뜬다,
뜨고 또 뜬다.
꽃잎들,
땅 위에 깔린 하늘,
벌써 땅은 떠 있다
(땅을 띄우는, 오 꽃잎들!)
꿈결인가
꽃잎은 지고
땅은 떠오른다
지는 꽃잎마다
하늘거리며 떠오르는 땅
꿈결인가
꽃잎들⋯⋯

몸살

바닷가 술집에서
내 젊은 친구는
한 달이나 앓은 몸살을 이야기했다.

혼자 앓은 병을 향하여
그 병의 외로움을 향하여
내 미안한 마음은 퍼져나갔다.

일이 고되고 놀이도 고됐을 것이다.
인생살이가 몸살이니
인생을 열심히 살았을 것이다.

내 앞의 얼굴에는 인제
한결 좋은 빛이 감돌아야 한다.
몸살을 지나 몸은 강해지고
시련을 지나 마음은 굳건해지는 것이니.

밤하늘에 반짝이는 내 피여

은하수 너머 머나멀리, 여기서 천이백만 광년 떨어진 데서 초신성이 지금 폭발중인데, 폭발하면서 모든 별들과 은하군의 에너지 방출량의 반에 해당하는 에너지를 방출하고 있다.

지구 은하계 너머, 나선형 M-81 은하계에서 발견된 특히 빛나는 이 초신성 1993J의 크기는 지구가 속해 있는 태양계만한데, 폭발하는 별은 죽어가면서도 삶을 계속하고 있다. 그건 다른 별들을 만드는 물질을 분출할 뿐만 아니라 생명 바로 그것의 구성 요소들을 방출하기 때문이다.

우리 뼛속의 칼슘과 핏속의 철분은, 태양이 생겨나기 전에, 우리 은하계에서 폭발한 이 별들 속에 들어 있었던 것이다.
── 로스앤젤레스 타임스,
  1993년 7월 18일자 기사

너 반짝이냐
나도 반짝인다, 우리
칼슘과 철분의 형제여.

멀다는 건 착각
떨어져 있다는 건 착각
이 한 몸이 三世며 우주
죽어도 죽지 않는 통일 靈物—

일찍이 별 하나 나 하나
별 둘 나 둘 아니냐
그렇다면!
그 전설이 사실 아니냐
우리가 전설 아니냐
칼슘의 전설
철분의 전설—

밤하늘에 반짝이는 내 뼈여
밤하늘에 반짝이는 내 피여.

바다의 熱病

1

바다가 감당할 길 없는 불길이라는 걸
예전엔 몰랐었다,
열병의 도가니요
광기의 샘이라는 걸 ——

아마 수평선 때문일 것이다
그 불타는 무한
불타는 그 한숨 때문일 것이다.

저 한없이 열린 공간을
감당할 생물은 없다
거대한 용광로의 열기에
나도 막막히 달아오를 뿐.

2

해 저문 바닷가를
젊은이 서넛이 걸어간다.

그런데 이상하다, 틀림없는 불꽃이다.
성냥을 그어댄 가스와도 같이
불꽃 서넛이 걸어서 간다
천지를 광기의 비린내로 가득 채우며.

3

바닷가 술집 창가에
촛불을 켜놓고 있었다.
촛불의 불꽃 하나에서
온 바다가 타고 있었다.
촛불의 불꽃 하나가
(열병과 광기의 도가니)
무한을 감당하고 있었다.

검정 개

내 일터에서 어정거리는
집 없는 검정 개.
한 번개이며 계시인 그 개,
오늘 아침에는 몰려가는 우리들
종종걸음이 가는 방향으로
함께 종종걸음을 치고 있다,
길과 그 주위를 꽉 채우는
저 스산한 표정,
저 검은 종종걸음──
(이 사람떼 속에 검정 개가 한 마리 있다는 건 더없이 신선한 일이거니와)
우리가 가는 방향으로 가고 있는
개가 가는 방향으로 우리도 가고 있다는 건
얼마나 기막힌 일이냐.

먼길
——이인성에게

먼길을
떠난단다.

먼길은
떠남은
떠나기 전에 벌써
쓸쓸함에 물든다.

먼길에는
떠남에는
항상 죽음의 공기가 떠돌거니와

떠나는 사람이여
사라지는 한 點이여
어디로 가든 우리 가는 데가
뭐 꼭 거기라야서 가겠는가
(가슴은 한 가닥 지평선——)
가는 데가 어디이든 그곳은 다만
한없이 가고 싶은 마음의 그림자——
떠나고 사라지는 그림자의 우주이니.

무얼 건졌지?

건지긴 뭘,
인생이 한 그릇 국인가,
나는 시금치와 배추와
아욱과 근대 같은 걸 잘 건지는 바이지만,
술 만든 사람들한테 축복 있으라
(나쁜 술 만드는 사람들한테는 물론 저주 있으라)
세상의 물결에 떠 저도
물결이라며 흘러가는 술병을
건지고,
허공 허공 피어나는
술잔들을, 술잔을 낚는 어부처럼
잘 건지는 바이지만,
또 酒色은 가끔 神通이라,
제 물에 빠져 연꽃 피는 여자도 건지고
내 물에 빠져 물불 허덕이는 나도 건지는바—
가만있자 브르통이란 사람은
끝없는 始作으로 시간을 건지려 하면서
초현실주의 삼십 년에 여자 셋 건지고
네루다는 여자 여럿, 시 여럿,
세상 모든 걸 건지고,
로르카는 同性 두엇, 피와 죽음

그리고 메아리를 건지고,
정현종은 제 눈 속의 仙女와
스친 여자
(놓친 기차는 모두 낙원으로 갔다)
삼천서른세 명의 빛과 그리고
그림자가 저 들꽃과 화장품과 먼지와 한몸으로
폭풍인 듯, 지평선인 듯
너울거리는 거길 헤매고 있는데,
실로 나무 몇 그루, 새 몇 마리
노래 몇 자락 건지긴 건졌는지―

도망가는 시늉으로 낮술 한잔 하고
끄적거려놓은 걸 다시 읽어보노니,
우리를 건지는 건 예술과 사랑이라,
꿈이여, 태어나기만 하는
만물의 길이여.

그 굽은 곡선

내 그지없이 사랑하느니
풀 뜯고 있는 소들
풀 뜯고 있는 말들의
그 굽은 곡선!

생명의 모습
그 곡선
평화의 노다지
그 곡선

왜 그렇게 못 견디게
좋을까
그 굽은 곡선!

性愛 도자기

페루 리마의 라파엘 라르코 에레라 박물관에서 잉카 시대 성애 도자기를 보고 나와서 우리 소형 버스를 탔다.
 나는 냉방을 별로 좋아하지 않는 바이지만 이번에는 달라서 기사한테 소리쳤다.
 "에어컨 좀 틉시다!"

달은 잘 익어서 떠오르고
옥수수도 잘 익어가고 있었다.

그 꽃다발

마추픽추 山頂 갔다 오는 길에
무슨 일인지 기차가 산중에서
한참 서 있었습니다.
나는 내렸습니다.
너덧 살 되었는지
(저렇게 작은 사람이 있다니!)
잉카의 소녀 하나가
저녁 어스름 속에
꽃다발을 들고 서 있었습니다.
항상 씨앗의 숨소리가 들리는
어스름 속에,
저 견딜 수 없는 박명 속에,
꽃다발을 들고, 붙박인 듯이.
나는 가까이 가서
(어스름의 장막 속에서 그 아이의
오 보일 듯 말 듯한 미소를 보았습니다.
이럴 때 눈은 우주입니다.
그 미소의 보석으로 지구는 빛나고
그 미소의 天眞 속에 시냇물 흘러갑니다.
그 미소 멀리멀리 퍼져나갑니다.
어스름의 光度 속에 퍼져나갑니다.)

얼마냐고 물었습니다.
나는 2솔*을 주고 꽃다발을 받아들었습니다.
허공의 심장이 팽창하고 있었습니다.

 * 솔: 페루의 화폐 단위.

아닌밤중에 천둥

아닌밤중에 천둥이여
하늘은 풍부하고나
우주는 실로 풍부하고나
꿈틀거리는 잔치여, 우르르릉 잔치여.

땅 위에서도 이만큼
무슨 소리가 이만큼
풍악일 수가 있느냐
오호라 이때
사랑하면 풍부하리
땅 위에서도
사랑하면 풍부하리
우주의 電氣여
천지간의 우레여.

사랑하지 않으면
황폐하리
달님도 익지 않고
옥수수도 익지 않으리
물고기여, 새여,
헤엄치지 않으리, 날지 않으리.

천둥과 우레의 길 사랑이여
이슬과 재로 이마를 씻으리.

맑은 물

맑은 물을 얻지 못하면 산다고 할 수 없다
——소로우 『저널』

맑은 물이여
우리가 아침 저녁
마시는 물을 위하여
곡식과 채소
과일들의 즙을 위하여
맑은 물이여
구름의 운명을 위하여
비와 눈
풀잎과 이슬
곤충들의 갈증을 위하여
우리의 전설
모든 시냇물을 위하여
도도한 피
강물
우리와 함께 헤엄치는
물고기들
그 번쩍이는 발랄한 도취를 위하여
구름의 고향 바다를 위하여

그들을 바라보는
우리의 눈을 위하여
맑은 물이여
우리의 영혼이 샘솟기 위하여
산 것들의 힘이 샘솟기 위하여
지구의 눈동자
맑은 물이여
거기 비치는 해와 달
그리고 나무들을 위하여
새들의 노래를 위하여

한 정신이 움직인다
―문학하는 사람들의 표정을 위하여

한 정신이 들어 있는 표정이 움직인다. 백호광명의 자리 몸과 함께 움직인다. 마음의 음영, 마음의 안개, 마음의 공기인 표정이 움직인다.
　이 표정, 이 움직임은 닫혀 있지 않다. 제 속에 갇혀 있지 않다. 그 표정과 움직임은 무한 바깥(타자)과 스스로의 내적 깊이를 향해 한없이 열려 있고 겸손히 듣고 있음으로써 생기는 섬세한 진동을 그 주위에 무슨 아지랑이처럼 잔잔히 퍼뜨린다……

石壁 귀퉁이의 공기

돌집 석벽 귀퉁이를 돌아가는데
그 귀퉁이는 말이 없었다
(무엇이나 다 보고
뭐나 다 알고 있는 것 같았다
그 조용한 귀퉁이는)

인부들이 불 피워놓은 데를 지날 때
장작 타는 냄새 속에 그
석벽 귀퉁이의 침묵이 흐려지는 듯하였으나
그렇지 않았다
말없는 귀퉁이의 그 공기는
여전히 뚜렷하고 쟁쟁하였다

내 발길은 한없이 조용하였다

자장가 2

아침에 브람스 자장가를 듣는다.
자장가는
어린아이들을 위한 게 아니다.
어린아이들은
자장가 없이도 잘 자니까.

자장가는 실은
어른들한테 필요하다.
평화에서 멀리
한마음에서 멀리
구겨지고 찢겨 헤매고 있으니.

자장가의 품이여
인간은 어른이 된 적이 없느니.

헤게모니

헤게모니는 꽃이
잡아야 하는 거 아니에요?
헤게모니는 저 바람과 햇빛이
흐르는 물이
잡아야 하는 거 아니에요?
(너무 속상해하지 말아요
내가 지금 말하고 있지 않아요?
우리가 저 초라한 헤게모니 病을 얘기할 때
당신이 헤제모니를 잡지, 그러지 않았어요?
순간 티진 폭소, 나의 폭소 기억하시죠?)
그런데 잡으면 잡히나요?
잡으면 무슨 먹을 알이 있나요?
헤게모니는 무엇보다도
우리들의 편한 숨결이 잡아야 하는 거 아니에요?
무엇보다도 숨을 좀 편히 쉬어야 하는 거 아니에요?
검은 피, 초라한 영혼들이여
무엇보다도 헤게모니는
저 덧없음이 잡아야 되는 거 아니에요?
우리들의 저 찬란한 덧없음이 잡아야 하는 거 아니에요?

손을 번쩍 들어

손을 번쩍 들어
치려고 하다 보니까
해골이에요.
해골은 어리석었어요.
웃기도 하고 말도
하고 주름이 잡히기도
하였으나……
구역질이 났어요.
신념은 독선
입장은 아집
목적은 세력
법칙은 정글……
(숨 좀 돌려야겠어요)
더구나 말이에요
젊은이들을 가르친다는 사람들이에요.
뭘 가르치는지, 정말
가르치는 게 뭔지……

손을 들어 치려고 하다 보니까
해골이에요.
해골은 웃기도 하고 말도
하고 주름이 잡히기도 하였으나……

쿠스코의 달

안데스 산맥 꼭대기
밤길을 버스는 달린다.
아니다, 산맥은 달린다.
달리는 산맥을 타고
인간은 비로소 웅장하고나
심장은 솟아오르고
작은 머리는 광활하며
血行은 저
만년설과 함께
저 계곡물과 함께
뜨겁고
고요하다
저 레타마 꽃과 함께……

마추픽추 갔다가
해발 삼천오백
옛 잉카의 수도 쿠스코로 돌아오는 길.
별들이 하도 크고 밝아
우리도 별수없이 크고 밝아
어느 산모퉁이를 돌아가는데
야! 악! 동시에

터졌다 탄성과 경악.
오렌지빛 덩어리
보름달이 저 밑에서
(달이 뜨는 걸 내려다보다니!
달보다 높이 있다니!)
그리고 바로 코밑에서
떠오르고 있었다.
그야말로 목구멍에서 떠오르고 있었다.
그건 달이 아니었다.
그건 밤의 태양이었다.
태양의 제국(잉카)의 빛 덩어리—

그리하여 보름달 내 몸은 보았다
오렌지를 꿈꾸는 달의 꿈
옥수수 알맹이마다 떠오르는 둥근 달
익으며 수런대는 감자들의 숨결을……

우리 자신의 깊이

밤에
안데스 산맥을 갈 때
발 아래 떠오르는
보름달은
땅의 높이와
하늘의 깊이를
다 보여주었다.
우리도 그리하여
홀연히
우리 자신의 높이
와 깊이
에 가서 닿았다!

앉고 싶은 자리

숲길 옆 뉘어놓은 나무 토막 위에
어떤 아저씨가 앉아서 쉬고 있다.
나는 목례를 하며 지나친다.
돌아오는 길에 보니 사람은 없고
그 나무 토막 자리만 환하고 고요하다.
(아까는 사람만 보았던 것이다)
매운 겨울 오후의 햇살이
落木 숲을 비추는 맑은 날,
문득 환하고 고요한 나무 토막 자리여
앉기 전에 벌써 나는 녹는다
그 자리에 녹고 앉고 싶은 마음에
녹는다, 그 동안 나는
앉아 있고 싶지 않은 자리에, 아,
너무 오래 앉아 있었구나.

앉아 있는 건 귀중하다

앉아 있는 사람이 앉아 있는 건
귀중하다
그 사람이 일어나 사라질 때
그건 분명해진다
더 이상 앉아 있지 않을 때를 위하여
앉아 있는 건 귀중하고
이제 아무도 없는 자리를 위하여
앉아 있는 건 실로 귀중하다
저 無의 탄생을 위하여
그 풍부한 力動을 위하여
저 비어서 생생한 공간을 위하여
앉아 있는 사람이 앉아 있는 건
귀중하다
그 사람이 일어나 사라질 때⋯⋯

여행을 기리는 노래

벌써 오르지 않어?
이 다람쥐 쳇바퀴
이 죽어가는 되풀이를
끊으면서,
다른 시간이
열리면서,
무지개가
걸리면서,
거기가
낡은 시간의 새 데이트 아냐?
장차 갈 길들에서 피어날
고달픈 신명들의 원천 아니야?
매인 데 없어, 오
바람이 일어, 오
가슴은 지평선 부풀어……
말하자면
우리를 뛰쳐나온 망아지가
이리 뛰고 저리 뛰며
지평선을 풀 뜯다가 결국
날개가 돋아 날아가는
그런 오르가슴……

내 즐거운 자극원들

내 즐거운 자극원은
천둥과 번개
세상의 새들
지상의 나무들
꽃과 풀잎
이쁜 여자
터질 거예요 보름달
어휴 곤충들
저 지독한 동물들
그리고
거룩하기도 하여라
목구멍과 견디기 어려운 일들
아무래도 거지 같은 일들
나—거지(제도에 붙어 있는 나)
제도—거지(예외를 용납치 않는 제도라는 절망)
관습—편안한 좌절(오 날개라는 신화여)
야들야들하고 부드러워
만지면 발정하는 제도라면 나쁘지 않거니와
이건 도무지 좁쌀과 절망과 희극의 비빔밥
그건 도대체 너무 맛있어
먹다가 먹다가 꿀 같은 구역질의 바다에 나는

익사체로 떠서 흘러흘러 가려니와
괜히 척하지 말라 괴로운 마음아
내 너희를 사랑하랴 불쾌한 자극들아
용서해다오 불쌍히 여기랴
그래, 마음은 한없이 다른 곳을 헤매니
오늘은 내 즐거운 자극원에 몸을 기대런다
천둥과 번개
세상의 새들
지상의 나무들
꽃과 풀잎
이쁜 여자
터질 거예요 보름달
어휴 곤충들
저 지독한 동물들
너희
아름다운 숨결들.

날개 그림자

창밖으로 날아가는 새의
그림자가 커다랗게
창을 덮으며 획
지나가며 내 가슴을 친다.
(햇빛이 밝다는 얘기가 아니다)
내 飛翔의 꿈은 인제
깊은 상처이다.
가슴 깊이
化石이 되어 선명한
날개를
그 화석―날개
그 그림자―상처를
날아가는 새의 커다란
그림자가
징―― 발굴하며 획
지나간 것이다.

이런!

꿈에
비원 있는 데까지 바다가
파도가 밀려오고 있었다.
(비원 있는 데서부터 바다라니!)
종로 쪽에서 그걸 바라보며
저길 가야지, 가야지 하고 있는데
돌아보니까 내가 있는 곳은
오호라 내 일터였다(!)

벌판이 말했습니다

저쪽 벌판이 말했습니다
내 가슴속의 두루미떼!
이쪽 벌판도 말합니다
내 가슴속의 기러기떼!
눈부십니다
날아오르는
벌판의
가슴!

밀려오는 게 무엇이냐

바람을 일으키며
모든 걸 뒤바꾸며
밀려오는 게 무엇이냐.
집들은 물렁물렁해지고
티끌은 반짝이며
천지사방 구멍이 숭숭
온갖 것 숨쉬기 좋은
개벽.
돌연 한없는 꽃밭
코를 찌르는 향기
큰 숨결 한바탕
밀려오는 게 무엇이냐
막힌 것들을 뚫으며
길이란 길은 다 열어놓으며
무한 變身을 춤추며
밀려오는 게 무엇이냐
오 詩야 너 아니냐.

오셔서 어디 계십니까
──1995년 부처님 오신 날에 부쳐

오셔서
어디 계십니까
절에 계십니까
사무실에 계십니까
괴로우나 즐거우나
계실 데가 여기밖에 없으시온즉
계시긴 계실 터이오나
꽃이신지 혹
구름이신지
염소이신지 혹
풀잎이신지──
당신의 몸은 가이없으니
독한 공기이신지 혹
썩은 물이신지,
괴로운 몸과 함께 괴롭고
즐거운 몸과 함께 즐거우신지,
저 어이없는 암흑
전쟁과 테러
살육과 파괴 속에도 계시온지
피 흘리는 몸과 함께 피 흘리고
부서지는 몸과 함께 부서지며

죽어가는 몸과 함께 죽어가시는지
(당신을 살려내야 할 텐데
당신,
간신히 살아계시긴 하시는지)
마음의 지옥
피투성이 이 세상에서
연꽃은 피어난다는 것인지,
당신,
간신히 계시긴 하시온지
간신히⋯⋯ 계시긴⋯⋯ 하시온지⋯⋯
당신은 사랑과 슬픔이시온즉
그 꽃씨
이 유독한 공기 속을 헤엄쳐
간신히 헤엄쳐 날아
모든 마음에 떨어져
그 꽃씨
숨쉬기 시작할 수 있을 것이온지
그 숨결 세상에 넘칠 수 있을 것이온지⋯⋯

갈증이며 샘물인
1999

갈증이며 샘물인
—J에게

너는 내 속에서 샘솟는다
갈증이며 샘물인
샘물이며 갈증인
너는
내 속에서 샘솟는
갈증이며
샘물인
너는 내 속에서 샘솟는다

이 귀신아

이 귀신아
너도 좋지만 말이다
좋은 귀신들이 또
신출귀몰이다
봐라 저 저녁빛—저녁 귀신
저 새벽빛—새벽 귀신,
네 생각도 좋고
네 인생은 아름답지만
이 귀신아
저 나무들 보아라
생각 없이 푸르고
생각 없이 자란다
(그게 하느님의 생각이시니)
또 저 꽃들,
꽃들이 어디 생각하느냐
그냥 피어나고
또 피어나고
이 세상의 온갖 색깔을 춤추고
계절과 햇빛의 고향 아니냐.
정신이라는 것
감정이라는 것의 고향 아니냐.

떠돌이 이 세상의
고향 아니냐
이 귀신아.

불멸

겸손은 아마 내 천성
그걸 그러나 스스로는 모르는 체
나는 항상 반쯤 드러내며 살아왔다
내가 가진 것의 반
또는 그보다도 적게.
모든 걸 아는 풀잎
모든 걸 아는 저 새들
모든 걸 아는 동물들
그리고 해와 달
만물이 항상
자기를 반쯤 드러내고 있듯이
나는 반쯤 드러내며 살고 있다
언제까지나—
장차 내가 죽었을 때에도
그건 나를 반쯤 드러낸 모습일 터이니
그건 실로 죽은 게 아닐 것이다
나는 불멸이다.

어떤 성서

등에 지고 다니던 제 집을
벗어버린 달팽이가
오솔길을 가로질러 가고 있었습니다.
나는 엎드려 그걸 들여다보았습니다.
아주 좁은 그 길을
달팽이는
움직이는 게 보이지 않을 만큼 천천히
그런 천천히는 처음 볼 만큼 천천히
건너가고 있었습니다.
오늘의 성서였습니다.

기적―간이역

바라보면 항상 이쁜
이쁘고 나서 또 이쁜
조그만 간이역
앞에 있는 버스 정거장에 서 있는
사람들은 별일이야
벌써 가고 있네 어디론가
선 채로 가고 있네 어디론가
기차에 탄 듯 바람에 불리듯

귀뚜라미야

귀뚜라미야
몇 번이나 내가
울고 싶었는지
너한테 말을 할까?

귀뚜라미야
얼마나 내가
내 촉수로
가을 바람을 요절내고 싶었는지
말을 할까?

내 촉수 끝에 저
가을날을 굴리고
내 막막함으로
그걸 포장하고 싶었는지?

팔다리는 반짝인다

팔다리를 섬겨야 하리
하늘의 여신 눗 Nut*이 누구인가
우리들 아닌가
팔다리는 하늘을 받치는 네 기둥
그 품 안에 땅과
거기서 사는 것들과
죽은 것들을 다 감싸니
살고 죽으리
하늘이 무너지지 않으리
별들은 반짝이고
달은 그이의 四肢를 통과해가리
모든 산 것들과
죽은 것들은
바람 부는 풀잎
손을 흔들리
보렴, 우주의 네 기둥
팔다리는 반짝인다
天體로 장엄되어 반짝인다
우리의 팔다리여
섬겨야 하리.

* 눗: 이집트 『死者의 書』에 나오는 신화는 하늘을 하늘의 여신 눗의 형상으로 생각한다. 四肢는 기둥이고 이 네 기둥이 하늘을 받치고 있는데, 팔다리를 짚고 엎드린 형상으로 발은 동쪽에 손은 서쪽에 있다.

오늘

해가 지면
집에 들어간다
밥 먹고 잠자러
들어간다

오늘은 그런데
밥도 안 먹고
잠도 안 잤으면 좋겠다
오늘이 날은 날인 모양이다

오늘 밤

오늘 밤은
달력에 없다!
달력에 없는 오늘 밤!
(흥분하지 말아야지)
나는 날을 찾았다
(달력이 생긴 이래 잃어버렸던 날들……)
춤추는 무한은 취해 있느니
과거 현재 미래
시간의 일들은 없다

나는 남의 집으로 들어갈 수 있고
다른 여자와 잘 수 있으며
내 몫을 어느덧 챙길 수 없고
열린 尺度가 과일 향기처럼 퍼진다
몸은 만물에 돌아가 가이없고
마음은 大空 한 크나큰 숨결

시간이여
달력에 없는
저 開花의 한없는 피어남에서
오늘 밤을 구해내지 않으리

물방울—말

나무에서 물방울이
내 얼굴에 떨어졌다
나무가 말을 거는 것이다
나는 미소로 대답하며 지나간다

말을 거는 것들을 수없이
지나쳤지만
물방울—말은 처음이다
내 미소—물방울도 처음이다

한 생각이 스쳐

인류의 역사가 비극(희극 · 희비극)이라면
그건
본론을
모든 본론을
(그러지 않았어야 하는데!)
길게
길게
이야기했기 때문이로소이.

푸르른 풋시간이여

닭이 울면 새벽이다
저 닭은 아무때나 운다
아무때나 새벽이다!

목청 좋고 힘찬 그 소리는
도시에서는 흔히 들을 수 없는 은총이다
하루 종일 자동차 소리뿐인 데서
사람 소리뿐인 데서
무슨 다른(!) 소리가 들리지 않는가
세상의 새벽 아닌가
옛날과 시골과 자연이 한꺼번에
넘쳐 흘러
동트는 이 마음!
(나는 저 수탉을 본 적이 있다
높고 붉은 벼슬
부리부리한 눈
하늘 기운 일렁이는 꼬리
위엄 있는 거동
그 색깔들!)
여염집 옆 숲그늘 어디서
목청을 뽑는 수탉이여

이 몸 동트고
세상은 처음으로 돌아간다
푸르른 풋시간이여

모국어
── 미국에서

식당 안 저쪽 자리에서
아이들이 재잘거린다.
(그건 어른 떠드는 것보다 듣기 좋거니와)
저 아이들은
제가 나고 자란 땅의 말로
재잘거린다.
저 아이들은
제 나라 말로 나눈 사랑의 말 속에
잉태되고
자란 동네 아침 공기와 저녁
연기 밴 말
여러 감정과 운명이 밴 말 속에서
자라났다.
우리는 소리가 나오는 목구멍의
결정적인 운명과 함께,
저 말을 하는 입의
기운과 함께,
소리와 뜻
숨쉬는 온몸과 함께
살고 살고 또 살았다.

그 모태는 놀 만한 자리
그 모태는 떠들 만한 자리 아닌가
공기 속에 피어나는 폭죽 아닌가
낳고 죽는 자리 아닌가.

사전을 기리는 노래

무슨 말인지 몰라
숨막힐 때
너는 마침내
편히 숨쉬게 해준다
사전이여.

날숨인 소리와
들숨인 뜻을 우리는
숨쉬며 살거니와,
소리는 퍼지고 퍼져
뜻은 안으로 안으로 울려
있는 것들 건드리고
비바람과 함께
꿈과 함께
제 살과 피로
진주가 된다
너 두려움과 해독의 신호
길과 거품의 메아리여.

너를 펼치며
씨 뿌리고

너를 펼치며
거둔다.
눈길이 닿아
말들 다시
물오르고
날아오르고
그림자와 함께
움직일 때.

운명을 만드는
작명가
만지면 열리는
지장보살
사전이여
두려움과 해독의 신호
길과 거품의 메아리여.

이 바람결

이 바람 속에는
모든 게 다 들어 있다
부드럽고
따뜻하고
모처럼 맑은 이
바람 속에는——

어디서 눈이 트고 있다
이 바람결,
살어리 살어리
이 바람결,
포르르 포르르
이 바람결.
허공의 살이네
이 바람결.

멀리멀리 퍼지는 이 몸.
모든 살아 있는 것들에 물들어
자세히 붐비는 이 몸.
오 붐비는 숨결
이 바람결!

움직이지 말아야지요

(전쟁을 하는 나라입니다)
어린 소녀가
달리는 탱크 앞에 서 있습니다
저보다 더 어린 동생을 안고.

어려운 수수께끼가 아닙니다.

탱크는 서야지요.
움직이면 안 됩니다.
다시는 움직이지 말아야지요.
이제 다시는
움직이지 말아야지요.

다른 나라 사람

우리나라에서 다른 나라 사람 보는 건
얼마나 신선한지요
검거나 희거나 흑백 반반이거나
다른 피부색 다른 생김새를 보는 건
얼마나 신선한지요
다른 눈동자, 다른 머리색
이국의 말소리
몸집과 표정과 걸음걸이
내 마음을 물들이는
나그네의 공기,
그 나그네들은 참 새로워
나는 기분이 여간 좋은 게 아닙니다
몸 속에 무슨 淸風이 이는 듯
남몰래 즐겁습니다.
(끼리끼리 논다고
제 패거리 아닌 사람을 푸대접하는
친구를 본 일이 있습니다
나는 그 친구를 경멸합니다)
우리나라에서 다른 나라 사람 보는 건
얼마나 신선한 일인지요!

말없이 걸어가듯이

시간은 흘러,
흐르는 시간
쓸쓸하여,
마음 안팎을 물들여,
가을 바람이 나무를 흔들 듯이
내가 말없이 걸어가듯이.

우리는 구름
── 1998년 여름

구름이 나를 휘감는다
폭우를 내리고
홍수 속에
죽은 돼지들과 함께
사람의 시체들을 삼키고
집들을 파괴하고
논과 밭
농사와 노동을 능멸하고
길들을 끊어놓은
구름이 나를 결박한다.
정치, 경제, 마음이 모두
게릴라 구름
地上의 모든 돈벌이 게릴라
지상의 모든 과소비 꼭두각시
이 구름 저 구름
네 구름 내 구름이
발목을 잡는다.
메탄가스 구름 이산화탄소
구름 한숨 구름 눈물 구름
물귀신으로서의 인류가 구름처럼
몰려오며 발목을 잡는다

산업의 홍수 시장의 홍수
박탈의 홍수 기아의 홍수
정치 홍수 경제 홍수 부패 홍수
부실 홍수 이판 홍수 사판 홍수
홍수 홍수 홍수 홍수……

구름이여 인류여
그 흙탕물 속에 빠진 우리는 모두
더러운 구름, 더러운 폭우, 더러운
급류, 더러운……
(이 급류를 거슬러 오르려는 마음은 알리)
우리는 폭우, 우리는
급류, 우리는
구름……

궁지 2

궁지에 몰린 욕망 없이
우리가 생겼겠느냐

욕망의 궁지 속에서 우리는 또
이렇게 저렇게 움직이지 않느냐

(모든 窓에 축복을!
꽃들에게 찬탄을!)

궁지에서 와서
궁지에서 살다가
궁지로 가느니.

날개

 향나무 꼭대기 가는 가지 끝에 앉아 있는 작은 새가 바람에 막 흔들리는 가지와 함께 막 흔들리고 있다. 흔들리는 것도 두렵지 않고 떨어지는 것도 무섭지 않다. 날개가 있기 때문이다.

마음은 떡잎

그 아이는 하루 종일
말이 없었다.
복사꽃 물결 보러
桃灘에 갔을 때,
중학생이라는
친구 조카아이 —
서울 삼촌이 뭘 물어봐도
끝내
아무 말이 없었다.

그렇다, 20세기말
네 침묵에 비추어
말이란 도시의 신경증이고
문명의 질병이다.
시골 아이야
네 말없음은 두텁고 신실하고
무한 자연에 이어져 있다.
무슨 말이 필요하랴
두루미가 날고
황새는 논에 앉아 있다.
맑은 공기 향기로운 흙

눈 가는 데 산과 하늘,
사과꽃 복사꽃,
아무것도 서두를 게 없고
서두르는 것도 없으며
(가끔 쌩 달려 지나가는 자동차들은
우스꽝스럽고나)
서둘러 말할 것도 없다.
마음은 떡잎과 같다
병든 마음들아.
이게 시간이다
시골 아이야.

게걸음으로

한 여자가 웬일인지
게걸음으로 걸어가고 있어요
봄인데
산수유가 피는데
웬일인지
봄인데
웬일인지
게걸음……

푸른 하늘

바람아 그렇지 않으냐
하늘은 한 큰 숨 아니냐
새들아 나무들아
하늘 없이 우리가 어떻게
날고 자라고 기를 펴고 그러겠느냐

그런데, 그런데 말이지
요새는 숨쉬기가 어렵고
인제 몸도 정신도
나는 건 고사하고
자라지도 않는다
우리는 모두 발육 정지됐는데
몸도 마음도 더는 자라지 않는데
오호라 우습고나
성장이다 발전이다 가갸거겨
앵무새 앵무새 앵무새 놀음이다

너희도 다 알다시피
문명인의 머리 위에
인제 푸른 하늘이 없다
푸른 하늘이 없으니

하늘이 없다
푸른 하늘이 없어서
하늘이 없으면
어디에 가지를 뻗고
잎과 꽃은 또 어디에
피어나고 웃고 바람 불겠느냐

새들아 그리고 나무들아
너희도 알다시피 우리가 모두
하늘인데,
왜 하늘이냐 하면 우리가 모두
숨을 쉬니까 하늘인데,
우리는 하늘 속에
하늘은 우리 속에 있는데,
인제 푸른 하늘이 없으니
하늘이 없고
하늘이 없으니
우리가 없다, 내 사랑하는
숨결들아

새들아, 산 하늘들아

나무야, 하늘의 숨결아
너희의 깃을 나는 사랑하고
너희의 가지들을 나는 한없이
사랑하거니와
그리고
그리고 말이다
나는 언제나 너희 깃 속에 깃들여
나는 언제나 너희 가지에 깃들여
너희의 성장과 飛翔에 합류
너희의 그 아무도 몰라 이쁘고 이쁜 꿈에 합류하거니와……

가짜 아니면 죽음을!

가로수야 그렇지 않으냐
도시 생활이라는 거 말이지
문명의 難民 아니냐,
아스팔트의 지옥
맹목과 瞑目의 역청*에
허덕이는 오토 피플
우리는 난민이다.

오 이 지긋지긋한 자동차들,
바퀴벌레들아 그렇지 않으냐,
도시 표면을 다 덮어버린
저 달리고 기고 서 있고 찢어지는 구역질
저 자본의 토사물 속에서 허덕이는
삶이라는 이름의 재난!
그렇지 않으냐 하필이면 도시에 사는 비둘기들아
유독 가스 속을 아장거리며
던져주는 먹이에 정신없는 우리의 동료들아
유황의 火力과 馬力과 金力의 불길
그 날름대는 혀의 불타는 마비의 추력으로
우리는 오늘도 생산하고 소비하고 지지고 볶고
자동적으로 이판이고 나 몰라라 사판이며

진짜에서 멀리 진짜에서 멀리
정치 경제 사회 문화의 모든 힘으로
이런 절규를 힘껏 숨긴다, "가짜 아니면 죽음을!"

　* 역청: 천연산의 고체 · 반고체 · 액체 또는 기체의 탄화수소 화합물의 총칭. 고
　체는 아스팔트, 액체는 석유, 기체는 천연 가스로 도로 포장, 방부제의 재료로
　쓰임.

한없는 지평선

위스키 병마개 떨어지는 소리가 났다,
일터의 내 방
무슨 무늬를 넣은 着色 시멘트 위에.

TEACHER'S
ROYAL HILAND
1 LITRE　　　　DE LUXE　　　　43% VOL
BLENDED SCOTCH WHISKY

Y E A R S 12 O L D

한잔하고 싶어서 따다가
마개를 떨어트렸다.
하느님은
검은 구름으로 하늘을 도배하시고
비는
천지의 심정이기로서니
추적추적 내리는 겨울날.

위스키 병마개 떨어지는 소리가 났다.
아무도 듣지 못하고

나 혼자 들었다.

마악 어두워가는 지평선 너머로 그 소리는 사라지면서
지평선을 한없이, 한없게 하고 있었다.
나도 한없는 지평선이었다.

쓸쓸하달 것도 없이, 어두워가는 겨울 저녁
슬프달 것도 없이, 막막함 속으로
괴롭달 것도 없이, 서성이는 그림자.

나는 한없는 지평선을 들었다.

아침 햇빛 1

맑은 겨울날
유리창으로 쏟아져 들어오는
아침 햇빛이여
나는 너를 사진 찍고 싶고나
너는 항상 네 빛의 우주 속에
네 빛의 눈으로
만물을 사진 찍어 보여주고 있거니와
(촬영과 현상이 동시에 진행되느니)
나는 오늘 아침
너를 사진 찍고 싶고나
아침 햇빛이여

아침 햇빛 2

아침 햇빛이여
아직 밝지 않은 날들이 수없이 많고나
싱싱한 태초—새날이여.
내 속에 들어 있는 아이들을
아직 태어나지 않은 수없는 아이들을
여지없이 떠오르게 하는구나 오늘 아침
벙글거리며
젖냄새를 풍기며.

여름 저녁 1

여름 저녁에 젖으려고
필경 흠뻑 젖으려고
농원 식당 배나무 아래
맥주 한잔 하고 있는데
종업원 아가씨가 저 아래 집 안에서
창밖을 향해 뭐라고 소리친다.
그 소리
여름 저녁 그 시간 속으로
여름 저녁 그 공간 속으로
쨍 —
퍼지는데,
내 가슴 네 가슴
허공의 가슴
싸아 —
퍼지는데,
그 소리
안팎이 아득하여
아득한 것들을 쟁쟁
수렴하는데,
생명 만다라, 오
그 목소리의 여름 저녁이여
비치지 않는 게 없는 공[球]이여.

여름 저녁 2

산에서 내려오다 가끔 들르는
식당 배나무 아래서
오늘도 맥주 한잔.
안주는 오이 몇 쪽(거저)
오이와 된장 사이
술잔과 술병 주위에 모기.
한 병을 비우고 나서
나는 쟁반을 들고 내려간다.
맥주 마시는 것도 좋지만
다 먹은 쟁반을 들고 가는 것도 즐겁다.
비탈진 배나무밭이 폭우로 깊이 파여
작은 계곡들이 여럿 생겼다.
쟁반을 들고
그 파인 계곡을 한걸음에 건너가는 것도 좋다.
거인이 따로 없다.
일하는 아가씨가 저녁 먹다 말고
쟁반을 받으러 부지런히 온다.
그가 미안해하는 것도 좋다.

오후 네시 속으로

오후 네시 속으로
붐빈다
두부집에서 내가
김치에 싸서 먹는 두부,
주인 아주머니가 크게 틀어놓은
TV 연속극,
소주와 취기,
그러한 것들이
오후 네시 속으로 쇄도,
소용돌이친다,
오후 네시는
터질 것 같다.

새여 꽃이여

새가 울 때는
침묵
꽃이 피어
無言

새여
너는 사람의 말을 넘어
거기까지 갔고
꽃이여
너는 사람의 움직임을 넘어
거기까지 갔으니

그럴 때 나는
항상 조용하다
너희에 대한 찬탄을
너희의 깊은 둘레를
나는 조용하고 조용하다

걸음걸이 1

인류 출현 이후의 이
걸음걸이가 싫으냐?
아닙니다, 저는 인류이고 싶습니다.
그런데 시비는 웬 시비냐?
저는 다만……
가끔……
네 발로 걷고 싶을 따름이며……

걸음걸이 2

글쎄, 걸음걸이도 걸음걸이
나름이라는 게 또한
즐거움이자 또한
괴로움이라는 말씀입니다.
물론 내 걸음걸이와 맞지 않는 건
(여기서 '나'가 어떤 나냐
하는 게 중요한 화두입니다.
이 논의는 죽은 뒤로 미루겠습니다)
괴로운 일일 터입니다만
그건 내가 하도 근사해서
저쪽 걸음걸이와 맞추고 싶지 않을 때
그렇습니다.
내 걸음걸이와 잘 맞는 건
또한 기쁨이겠습니다만
내 걸음걸이가 근사하지 않을 때
내 기쁨은 필경
다른 사람한테는 괴로운 일일 것입니다.
그렇다면 요컨대……
요컨대
저 하도 낡고 때묻고
헐벗고 뒤틀려서 인제는

알아볼 수 없는 우리의 운명 ——
우리의 운명인 상투어구를 오늘날
TV로 방송하자면
너 자신을 알라, 이지요.

걸음걸이 3

자기 자신을 알면
도대체 인생이 진행이 되질 않습니다.
(그러니까 군말이여
내가 살기 위해서
나는
나를
결단코 알지 않겠습니다)

걸음걸이 6

네 운명을 보고도 못 본 척하고
도무지 못 본 척한다고?
그야 별수없으니까요.
별수없다고?
운명이 벌써 독수리처럼 저를 봤으니
제가 어떻게 그
운명의 각광을 벗어나겠습니까.
각광이라고?
부리입니다.
부리라고?
이빨입니다.
……
한이 없습니다.
아까 얘기로 돌아가서
본 척이나 못 본 척이나 매한가지지요.
(저런 숙명론자 어쩌구 수군수군)

아름다움으로

아낄 만한 걸 많이
만들어야 해요
사람이든 문화 예술이든 그 무엇이든
소중한 게 있어야 해요

가령 당장 부숴버려도 좋을
건물 천지라고 해봅시다
누가 그곳을 아끼고 소중히 여기겠어요

한반도 말씀인데요
미사일이다 핵이다
전쟁이다 잿더미다 하는데
저절로 아끼고 싶은
아름다움으로 요새화하는 수밖에
다른 길이 없어요—그렇게
마음과 몸을 드높이는 수밖에

꽃 深淵

지난 봄 또 지지난 봄
목련이 피어 달 떠오르게 하고
달빛은 또 목련을 실신케 하여
그렇게 서로 목을 조이는 봄밤.
한 사내가 이 또한 실신한 손
그 손의 가운뎃손가락을
반쯤 벙근 목련 속으로 슬그머니 넣었습니다.
아무도 없었으나 달빛이 스스로 눈부셨습니다.

아무도 말해주지 않는 인생

꿈에 무슨 공연을 보다.
(젊은 출연자들, 오르막길을,
고개를 높이 쳐들고
천천히
아주 천천히
걸어오르며
한 사람이 지극히 절제된 부르짖음으로 말한다)
아무도 인생에 대해 말해주지 않아
우리는 이걸 하기로 했어요!

(나는 슬퍼서……)

고개를 높이 쳐들고
두 팔도 앞으로 높이 쳐들고
걸어오르는 길 저 앞에
목련인 듯 흰 꽃으로 덮인 나무 위에
꽃 속에 사람이 하나 꽃송이와 같이
엉겨붙어 있었는데,

아까 그 사람 그 위의 구름을 가리키며
또 조용히 부르짖었다

저 구름 위에 쉬어가세요
저 구름 위에.

홀연 구름은 목련이고 목련은
구름이며 사람은
구름이고 뿌리깊은
구름이고 구름은
목련이며……

(나는 슬퍼서
눈물 자꾸 나와서……)

바람 속으로

아 이 바람
숲에 부는 바람
저녁 무렵
물소리
너는 어디 있니
너는 어디로 가니
바람 속으로
어스름 속으로.

어두울 때까지 앉아 있겠어
소나무 아래
머나먼
땅 위에.

자연에 대하여

자연은 왜 위대한가.
왜냐하면
그건 우리를 죽여주니까.
마음을 일으키고
몸을 되살리며
하여간 우리를
죽여주니까.

숨어 있는 아름다움
──페테르부르크 시편 1

근교 아제르키 마을
한 조각가의 집에 갔다.
나무 울타리 문을 열고 들어가
너는 현관문을 두드렸다.
잠겨 있었고
창 안에서 개가 짖었다.
너는 다시 두드려보았다.
숨어 있는 아름다움을 찾아
두드리고 두드렸다.
가꾸지 않은 정원에는
두상, 흉상, 전신상 조각들이
정적을 만들고 있었다.
숨어 있는 아름다움
아, 문 두드리고 있는 네 모습을 나는
조각한다.
조각하여
하나는 열리지 않는 집 속에
하나는 내 가슴 속에 놓는다,
또 하나는 유배지 이 세상 속에.

사랑은 나의 권력
─ 페테르부르크 시편 2

먼지 가득한 한 소극장에서
나움 코르자빈이란 사람의
「사랑에 대하여」를 보았네.
내가 알아들을 수 있는 말은
배우 윗호주머니에 꽂은 장미뿐,
츠베타예바와 보즈네센스키와
그런 시인들의 시로 구성한 대사들에서
한 구절이 꽃피었다고
내 사랑 내 귀에 속삭였네
"사랑은 나의 권력"
나는 내 사랑의 귀에 속삭이네
"내 권력이 약해지지 않도록"
"내 권력이 약해지지 않도록"
사랑이여
우리의 권력이 약해지지 않도록!

그 가벼움
―페테르부르크 시편 3

무용 「바야데르카」에서 뛰어오른
그 남자 무용수는 아,
너무 가벼워
몸이 아니라 바람 한 자락,
관객을 열광시킨 그 가벼움,
이 도시의 고통과 생존과 우리의
발걸음의 모든 무거움을 단숨에
氣化시키는 그 가벼움에 나는
손바닥이 아프도록 찬탄했느니,
거기에 이르기까지
공기에 이르기까지
무대 뒤의 고된 나날이여
아름답다 心身의 뒤안길이여.

떠돌겠다고

떠돌겠다고
외톨이로
떠돌겠다고
스스로 유배하여
자작나무를
바라보고 있는 사람

스스로 유배하는 법이 없는
자작나무여
움직이는 동물을 보아라
떠돌지 않느냐
모든 유배가 그리는 고향
사랑이여

꽃잎 2

꽃병의 물을 갈아주다가
신종인지 송이가 아주 작은 장미
꽃잎이 몇 개 바닥에 떨어졌다
저 선홍색 꽃잎들!
시멘트 바닥이 홀연히
떠오른다, 무가내하
떠오르고 떠오른다.
또한 방은 금방
궁궐이 되느니,
꽃잎 하나 제왕 하나
꽃잎 둘 제왕 둘,
길은 뜨고, 건물도 뜨고
한 제왕이 떠오른다.

아름다움이여
─페테르부르크 시편 5

안 벽에는 꽃과 나뭇잎의 릴리프
창밖에는 눈부신 가을 나뭇잎
자연과 예술의 和唱이여
마음은 춤춘다 아름다움이여

잘 떴다 알몸이여
──1998년 새해에

1

무엇이 우리의 마음을 움직이는가.
하여간 빛은 아니었고
상식이 아니었으며
제정신이 아니었다
우리의 마음을 움직인 건.
자동차는 달리고
발길은 바쁘고
문들은 여닫히고
주둥이들은 지껄였으나
盲目이 그다지도 강력했으니
돈이었다, 냉혹한 마약,
you are my destiny.
운명이여, 그리하여 우리는 썩었다
우리는 한없이 나빠졌으며
여지없이 천해지고
거칠어졌으며
혼미를 極하고
그리고 망했다.

2

허나 다른 운명이 또한
알몸을 드러냈느니.
확실한 붕괴는 새 시작의 바탕
확실한 절망은 새 힘의 모태
가난의 눈짓으로 마음엔 새살이니
잘 떴다 알몸이여
赤裸裸는 얼마나 섹시한가.
아무리 참담한 實相이라도
실상은 얼마나 도발적인가.

3

그럴싸, 아직 뜨지 않은 태양
수없이 많은 태양 또한
우리의 운명이니
아직 눈 있는 사람
아직 마음 있는 사람은 보리
겨울비 내려 음산하고 추운 날

며칠 그러다 문득 개어
씻은 듯한 날빛 속에 햇빛 찬란해
나뭇가지에 맺힌 무수한 물방울
그 물방울들이 머금고 있는 태양들을,
보리 그걸 바라보는 눈동자
屈光性 눈동자의 비치고 되비치는 광휘를!

작은 국화분 하나

용달차가 작은 국화분 하나를 싣고 간다.
(동그마니)
아니다
모시고 간다.
용달차가 작은 국화분 하나를 모시고 간다.
용달차가 이쁘다.
(용달차가 저렇게 이쁠 수도 있다)
기사도 이쁘다.

너의 목소리

네 목소리가 들렸다.
나는 새를 더 잘 날게 하는
너의 목소리.

그외의 목소리——죽은 목소리와
죽이는 목소리 천지에서
내 귀에는 물밀듯이
너의 목소리가 들렸다
나는 새를 더 잘 날게 하는
너의 목소리
진귀한 은총이여.

안부

도토리나무에서 도토리가
툭 떨어져 굴러간다.
나는 뒤를 돌아보았다
도토리나무 안부가 궁금해서.

날아라 버스야

내가 타고 다니는 버스에
꽃다발을 든 사람이 무려 두 사람이나 있다!
하나는 장미―여자
하나는 국화―남자.
버스야 아무데로나 가거라.
꽃다발 든 사람이 둘이나 된다.
그러니 아무데로나 가거라.
옳지 이륙을 하는구나!
날아라 버스야,
이륙을 하여 고도를 높여가는
차체의 이 가벼움을 보아라.
날아라 버스야!

몸이 움직인다

몸을 여기서 저기로 움직이는 것
몸이 여기서 저기로 가는 건
거룩하다
여기서 저기로
저기서 여기로
가까운 데 또는 멀리
움직이는 건
거룩하다
삶과 죽음이 같이 움직이기 때문이다
욕망과 그 그림자―슬픔이
같이 움직이기 때문이다
나와 한없이 가까운 내 마음
나에게서 한없이 먼 내 마음이
같이 움직이기 때문이다
바깥은 가이없고
안도 가이없다
안팎이 같이 움직이며
넓어지고 깊어진다

몸이 움직인다

숲가에 멈춰 서서

내 일터 손바닥만한 숲
포장한 길을 걸어가다가 문득
멈춰 섰습니다.
(그러고 싶어서 그랬겠지요)
내가 움직일 때는 나무들도 움직였군요.
멈춰 서자 나무들도 움직이지 않았습니다.
靜寂一瞬—
아주 잘 들렸습니다 그 고요,
不動이 만들어내는 그
고요의 깊이에 빨려들었습니다.
없는 게 없었습니다.
광막하고 환했습니다.
움직이지 않는 것의 미덕이
쟁쟁했습니다.

예술
──페테르부르크 시편 4

예술가들이 묻혀 있는 묘지에 갔습니다. 도스토예프스키, 림스키 코르사코프, 글린카…… 무덤마다 죽은 사람이 조각되어 있었습니다. 예술이 죽은 사람을 살려내고 있었습니다. 무덤에서 나와 있었습니다.

어디 죽은 사람뿐인가요. 죽을 지경인 우리를, 살기 힘든 세상을 그나마 살려내는 게 예술이니까요.

일상의 빛

1

있었던 자리에 없는 건
無의 심연이다.
슬픔이 깊다.
있을 자리에 없는 건 뭐든
무한 공허,
시간이란 비어 있다는 뜻이다.

2

네 목소리는 늘 들려야 한다
과일들을 감돌고
꽃과 함께 방을 밝히고
전화에서 샘솟아야 한다.
네 손은 식품의 꿈을,
그 색깔과 결과 냄새로 깊어지는 꿈을,
생명의 온갖 기미로 붐비는 꿈을 꾸어야 한다.
그릇들도 그런 꿈을 꾸고 있다.
비어 있으면서 너무도 조용히 넘쳐

뭐든지 고봉이다, 꿈은 고봉이다.
네 손은 어디 있는가
식품을 만지고
그릇을 만지고
생명을 어루만지는 그 손은 어디 있는가.

3

네 그림자가 움직인다
거실과 부엌과 방에서
숨은 듯이, 그리하여
더 뚜렷이,
네 그림자의 숨결의 內密이
압도적으로 움직인다.

어떤 그림자는
시간 속에 뿌려진 씨앗이다.
(그림자는, 실은, 씨앗이며 땅이며 농부이다)
씨앗의 꿈을 알지 않느냐.
그림자의 꿈 또한 그렇다는 것을

너의 그림자——샘솟는 無는
바람결로 가만히 귀띔한다.

4

우리의 그림자를 살찌운 건 저
우리의 운명인 되풀이이다.
사랑의 되풀이, 미움의 되풀이,
밥의 되풀이, 계란 프라이,
태양 아래 잘 익고 바래고 부서지는
손길과 발길의 순식간——천년의 청태 낀
그림자……
아침마다 먹는 삶은 계란이 행여나
새벽닭 울음 소리에 물들어 있다면
다름아닌 내 영혼의 노른자위이리.
되풀이는 시간의 노른자위이리(!)
오, 시간의 노른자위인 그림자,
작은 것들의 심연이여.

5

그 그림자의 바다를 나는
오늘도 헤엄쳐간다.
일들과 물건들과 인기척들이
눈물 한 방울에 모이기도 하려니와,
천지간에 가득 차 내 귀에 흘러드는
노래의 조명이 드높이는 거기로……

너는 자기가 생각하는 자기보다……

나는 내가 생각하는 나보다 크다는 걸
너를 통해서 안다.
너는 자기가 생각하는 자기보다 크다는 걸
나를 통해서 알 수 있을까.
(네가 그럴 수 있도록
나는 노력하고 있다)
(우리는 노력하고 있을 것이다)
(자연은 노력하지 않아도 안다)

하늘의 혈관

겨울 하늘을 배경으로
(너무 이뻐서 도무지 어찌할 바를 모르겠거니와)
落木들의 저 큰가지들과 잔가지들 좀 보세요!
그 가지들은 하늘의 혈관이에요!
(물론 하늘의 뿌리이기도 하고
하늘의 天井畵이기도 하지만)
하여간 그 가지들은 하늘의 혈관이에요!

바람이여 풀밭이여

풀밭이여
바라만 봐도 행복하다
그 위에 앉고
눕고
아, 행복하다

맑은 봄날
바람이 분다
하늘은 빛—심연
바람에 햇살이 날아간다
바람이여 햇살이여 풀밭이여
나는 뜬다
바람에 뜨고
풀밭에 뜨고
흙에 뜨고
자꾸 떠오른다

풀밭에 앉아 있으니 또한
어느덧 나는 심어지는구나
솔기도 없이
흙에 이어져

뿌리 내려
가지 뻗어
오랜 病後와도 같이
나는 회생한다
이 회복은 무엇인가
흙이여 바람이여 풀밭이여

시간은 두려움에 싸여 있다

1999년 겨울 어느 날 오전
나는 시간 가는 게 두려웠다
(시계를 쳐다보기도 힘들었다)

시간은 두려움에 싸여 있다.
시간이란 다름아니라
저지른 일과 저지를 일의 연속
채워진 욕망과 채워야 할 욕망의 그림자이기 때문이다
지상의 온갖 동물과 온갖 비유들을 반죽해서 만든
최초의 유일한 괴물——그림자.

날이 맑아 밝은 햇살은
온갖 보석들을 익히고
裸木들을 수놓고
窓에다가 유사 이래 제일가는 위엄을
부여하고 있는 시간,
모처럼 좌정한 조용함과 한가함으로
생명의 저 부산한 맹목을 어루만지기도 하면서,
茫然이 自失을 아주 놓아버리고
自失은 큰일났구나 정신을 차려
망연으로 촉수를 높이고 하는 동안

나는 기지개를 켜면서 기지개가
바닥을 친 마음과 절정의 마음 사이의
한 絃으로서 온몸이 튕겨내는 소리로 들린다.

(생각을 좀더 튕겨보자면)
기지개가 해소하는 것은 무엇인가.
긴장인가 게으름인가 두려움인가.
그런데 이번에는 또 기지개가
空氣層에서 化石이 되는 걸 본다.
(모든 움직임이 순간순간
화석이 되는 걸 보기 시작한 건 오래되었다)
지금 쓰고 있는 이 글자도 내가 발견한 화석이다.

때와 공간의 숨결이여

내가 드나드는 공간들을 나는 사랑한다
집과 일터
이 집과 저 집
이 방과 저 방,
더 큰 공간에 품겨 있는
품에 안겨 있는 알처럼
꿈꾸며 반짝이는 그 공간들을
나는 사랑한다.
꿈꾸므로 반짝이고
품겨 있으므로 꿈꾸는
그 공간들은 그리하여
항상 태어날 준비가 되어 있다.
항상 새로 태어나고 있다.
어리고 연하고 해맑은
그 공간들의 胎內에 나는 있고
나와 공간들은
서로가 서로를 낳는다.
서로 품어 더욱 반짝여
서로가 서로를 낳는 안팎은
가없이 정답다.

그 공간들을 드나드는 때를 또한
나는 사랑한다.
들어갈 때와 나갈 때,
그 모든 때는 太初와 같다.
햇살 속의 먼지와도 같이
반짝이는 그 때의 숨결을
나는 온몸으로 숨쉬며
드나든다, 오호라
시간 속에 秘藏되어 있는 태초를
나는 숨쉬며
드나든다.
모든 때의 알 또한
꿈꾸며 반짝이며
깃을 내밀기 시작한다.
시간이란 그리하여
싹이라는 말과 같다.
시간의 胎가 배고 있는 모든
내일의 꽃의 향기를
(폐허는 역사의 짝이거니와)
그 때들은 꽃피운다.

내가 드나드는 공간들이여
그렇게 움직이는 때들이여
서로 품에 안겨
서로 배고 낳느니
꿈꾸며 반짝이느니.

제목 색인

* 로마자는 권수를, 아라비아 숫자는 페이지 수를 나타냄.

ㄱ

歌客 I-230
가난이여 I-346
가을, 원수 같은 I-109
가을날 II-113
가을에 I-323
가족 I-60
가짜 아니면 죽음을! II-218
갈 데 없이…… I-106
갈대꽃 II-27
갈증이며 샘물인 II-185
감격하세요 I-128
개들은 말한다 II-145
거울 I-78
거지와 광인 I-220
거짓 희망을 쓰러트리는 우리들의 희망이 I-123
거품과 너털웃음 I-133
걸음걸이 1 II-228
걸음걸이 2 II-229

걸음걸이 3 Ⅱ-231
걸음걸이 6 Ⅱ-232
걸작의 조건 Ⅰ-247
검정 개 Ⅱ-152
게걸음으로 Ⅱ-214
겨울 저녁 Ⅱ-86
겨울밤 Ⅰ-184
겨울산 Ⅱ-61
고통의 축제 1 Ⅰ-98
고통의 축제 2 Ⅰ-112
공중놀이 Ⅰ-26
공중에 떠 있는 것들 1 Ⅰ-138
공중에 떠 있는 것들 2 Ⅰ-139
공중에 떠 있는 것들 3 Ⅰ-140
공중에 떠 있는 것들 4 Ⅰ-141
광채 나는 목소리로 풀잎은 Ⅰ-157
교감 Ⅰ-44
구두를! Ⅱ-59
구름 Ⅱ-93
구름의 씨앗 Ⅱ-116
구애 Ⅰ-52
국가적 法悅 Ⅰ-234
궁지 1 Ⅰ-314
궁지 2 Ⅱ-210
權座 Ⅱ-35
귀뚜라미야 Ⅱ-191
귀신처럼 Ⅰ-309

제목 색인　269

그 가벼움 II-241

그 굽은 곡선 II-156

그 꽃다발 II-158

그 두꺼비 II-110

그 여자의 울음은 내 귀를 지나서도 변함없이 울음의 왕국에 있다 I-64

그게 뭐니 I-268

그냥 I-214

그대는 별인가 I-61

그리움의 그림자 I-94

그림자 II-134

그림자의 향기 I-205

그립다고 말했다 II-120

급한 일 II-56

기다림에 관한 명상 I-228

기억제 1 I-25

기억제 2 I-27

기적-간이역 II-190

길의 神秘 II-20

깊은 가슴 I-291

깊은 흙 II-77

까치야 고맙다 II-135

깨달음, 덧없는 깨달음 II-34

꽃 深淵 II-234

꽃을 잠그면? I-181

꽃잎 1 II-146

꽃잎 2 II-243

꽃피는 상처 II-97
꽃피는 애인들을 위한 노래 I-57
꿈 노래 I-100
꿈속의 아모라 I-116
꿈으로 우는 거리 I-161
꿩 발자국 I-244

ㄴ

나는 별아저씨 I-83
나는 사람이 아니고 I-256
나무 껍질을 기리는 노래 II-94
나무에 깃들여 II-55
나무여 II-51
나무의 四季 I-293
나의 자연으로 II-15
낙엽 I-277
날개 II-211
날개 그림자 II-177
날개 소리 II-123
날아라 버스야 II-251
납 속의 희망 I-152
낮술 I-95
내 게으름은 I-334
내 마음의 나비떼 I-185
내 믿음의 餘韻 I-199
내 사랑하는 인생 I-115
내 어깨 위의 호랑이 II-142

내 즐거운 자극원들 II-175
내가 잃어버린 구름 I-350
냉정하신 하느님께 I-122
너는 누구일까 I-338
너는 자기가 생각하는 자기보다…… II-259
너무 좋아서 I-258
너울거리는 게 무엇이냐 II-133
너의 목소리 II-249
네 눈은 상처이다 I-136
노래는 마술사 II-40
노래에게 I-242
老詩人들, 그리고 뮤즈인 어머니의 말씀 I-76
누란의 미녀 I-216
눈곱을 달고 나가서 I-227
눈보라에 뿌리내린 꽃 I-200
눈짓 하나가 탄생을 돕는다 I-135
느낌표 I-262
늙고 병든 이 세상에게 I-206

ㄷ

다람쥐를 위하여 II-96
다른 나라 사람 II-206
다시 술잔을 들며 I-145
달 따라 데굴데굴 I-186
달도 돌리고 해도 돌리시는 사랑이 I-240
달맞이꽃 II-73
담배를 보는 일곱 가지 눈 I-153

담에 뚫린 구멍을 보면 I-298
大醉 I-260
덤벙덤벙 웃는다 I-151
데스크에게 I-40
도덕의 원천이신 달이여 I-127
독무 I-17
두루 불쌍하지요 I-333
들판이 적막하다 II-25
땅을 덮으시면서 I-275
때와 공간의 숨결이여 II-265
떠돌겠다고 II-242
떨어져도 튀는 공처럼 I-125
또 하루가 가네 II-107

ㅁ

마른 나뭇잎 II-68
마음놓고 I-198
마음에 이는 작은 폭풍 I-130
마음은 떡잎 II-212
마음을 버리지 않으면 I-102
마음이여, 깊은 보금자리여 I-229
幕間 I-328
말없이 걸어가듯이 II-207
말의 형량 I-84
맑은 물 II-162
亡者의 시간 II-69
梅芝湖에 가서 I-271

제목 색인 273

먼길 II-153
명백한 놀이를 II-53
모국어 II-200
모기 II-106
모든 '사이'는 무섭다 I-321
모든 순간이 꽃봉오리인 것을 I-265
몸놀림 II-37
몸뚱어리 하나 I-269
몸살 II-147
몸을 꿰뚫는 쓰라림과도 같은 I-213
몸이 움직인다 II-252
몸이라는 건 I-287
무너진 하늘 II-137
무를 먹으며 I-294
무슨 슬픔이 II-30
무얼 건졌지? II-154
'무죄다'라는 말 한마디 II-127
무지개나라의 물방울 I-24
문명의 死神 I-342
물방울―말 II-196
물소리 II-78
뭐가 생각하나? II-89
밀려오는 게 무엇이냐 II-180

바다 I-249
바다의 사진 I-201

바다의 熱病 II-150

바람 병 I-49

바람 속으로 II-237

바람의 그림자 I-215

바람이여 풀밭이여 II-261

바보 만복이 II-28

밝은 잠 I-42

밤 술집 I-118

밤 시골 버스 I-337

밤하늘에 반짝이는 내 피여 II-148

배를 깎으며 I-183

배우를 위하여 I-73

벌레들의 눈동자와도 같은 I-222

벌에 쏘이고 II-45

벌판이 말했습니다 II-179

벽 앞에서 I-251

보살 이유미 II-39

보이지 않는 세상 I-182

봄에 II-41

부엌을 기리는 노래 I-103

불멸 II-188

불쌍하도다 I-105

붉은 가슴 울새 II-129

붉은 달 I-62

빈방 I-300

빛나는 처녀들 I-38

빵 II-76

ㅅ

私談 Ⅱ-140

사람으로 붐비는 앎은 슬픔이니 /24

사람이 풍경으로 피어나 I-147

사랑 사설 하나 I-74

사랑은 나의 권력 Ⅱ-240

사랑할 시간이 많지 않다 I-345

사물의 꿈 1 I-80

사물의 꿈 2 I-81

사물의 꿈 3 I-82

사물의 꿈 4 I-90

사물의 정다움 I-22

사자 얼굴 위의 달팽이 Ⅱ-88

사전을 기리는 노래 Ⅱ-202

살이 녹는다 I-108

상처 I-51

商品은 物神이며 아편 I-284

새로 낳은 달걀 I-341

새벽의 피 I-117

새소리 Ⅱ-119

새여 꽃이여 Ⅱ-227

새한테 기대어 I-326

생명 만다라 I-273

생명의 아지랑이 I-336

생채기 I-232

石壁 귀퉁이의 공기 Ⅱ-165

석탄이 되겠습니다 Ⅱ-47

설렁설렁 II-144
섬 I-162
性愛 도자기 II-157
세상 초록빛을 다해 I-160
세상의 나무들 II-125
세월의 얼굴 I-202
센티멘털 자아니 I-29
소리의 심연 I-67
소리의 深淵 2 I-272
소용돌이 I-250
손 I-349
손을 번쩍 들어 II-168
송아지 I-318
술 노래 1 I-45
술 노래 2 I-91
술잔 앞에서 I-299
술잔을 들며 I-142
숨어 있는 아름다움 II-239
숲가에 멈춰 서서 II-253
숲에서 I-288
스며라 그림자 II-111
슬픔 II-60
슬픔의 꿈 I-93
시, 부질없는 시 I-87
시간도 비빔밥도 없는 거지 I-191
시간은 두려움에 싸여 있다 II-263
시간의 공포를 주제로 한 연가 I-79

시간이에요 I-159
시골 국민학교 I-316
시를 기다리며 I-261
시비를 거시는 하느님께 I-192
시월의 감상 I-156
시인 I-58
시창작 교실 I-306
신바람 I-282
新生 I-66
심야 통화 1 I-85
심야 통화 2 I-86
심야 통화 3 I-132
쌀 I-320
썩은 부분의 활동이 활발하면 II-8
쓸쓸함이여 II-71

ㅇ

아닌밤중에 천둥 II-160
아름다움으로 II-233
아름다움이여 II-244
아무것도 없다 I-101
아무데로도 가는 게 아닌 I-347
아무도 말해주지 않는 인생 II-235
아이들과 더불어 I-217
아저씨의 죽음 I-257
아침 햇빛 1 II-222
아침 햇빛 2 II-223

악몽과 뜬구름 1 I-110
악몽과 뜬구름 2 I-154
안부 II-250
앉고 싶은 자리 II-172
앉아 있는 건 귀중하다 II-173
애인들 I-209
語訥의 푸른 그늘 I-252
어디 들러서 II-118
어디 우산 놓고 오듯 I-283
어디서 힘을 얻으랴 I-137
어떤 성서 II-189
어떤 손수건 II-31
어떤 평화 I-274
어스름을 기리는 노래 I-339
얼굴에게 I-187
얼음 조각들이 II-29
여름 저녁 1 II-224
여름 저녁 2 II-225
여름과 겨울의 노래 I-33
여름날 II-104
여자의 감각을 감탄홈 I-148
여행을 기리는 노래 II-174
열린 향수 I-195
엿치기 I-255
예술 II-254
예술이여 I-281
오 잔잔함이여 II-18

제목 색인 279

오늘 II-194

오늘 밤 II-195

오늘도 걷는다마는 I-304

오서서 어디 계십니까 II-181

오후 네시 속으로 II-226

올해도 꾀꼬리는 날아왔다 II-79

완전한 하루 I-71

외설 I-279

외출 I-36

요격시 1 II-72

요격시 2 II-80

우리 자신의 깊이 II-171

우리는 구름 II-208

우리들의 죽음 I-89

우상화는 죽음이니 II-22

우울과 靈感 I-120

움직이기 시작하였도다 I-312

움직이는 근심은 가볍다 II-139

움직이지 말아야지요 II-205

움직임은 이쁘구나 나무의 은혜여 I-319

O I-289

이 귀신아 II-186

이 나라의 처녀들아 II-16

이 노릇을 또 어찌하리 I-204

이 바람결 II-204

이 세상의 깊음 속으로 I-150

이 열쇠로 I-322

이런! Ⅱ-178
이슬 Ⅱ-121
일상의 빛 Ⅱ-255
잃어야 얻는다 Ⅰ-348
잎 하나로 Ⅰ-266

ㅈ

자〔尺〕 Ⅰ-340
자기 기만 Ⅰ-295
자기 자신의 노래 1 Ⅰ-92
자기 자신의 노래 2 Ⅰ-225
자기의 방 Ⅰ-55
자연에 대하여 Ⅱ-238
자장가 1 Ⅰ-325
자장가 2 Ⅱ-166
작은 국화분 하나 Ⅱ-248
잔악한 숨결 Ⅰ-193
잘 떴다 알몸이여 Ⅱ-245
잠꼬대 Ⅱ-75
잡념 Ⅰ-241
장난기 Ⅱ-36
장수하늘소의 인사 Ⅱ-26
저 날 소용돌이 Ⅱ-132
저 웃음 소리가 Ⅱ-92
전쟁 Ⅰ-126
절망할 수 없는 것조차 절망하지 말고…… Ⅰ-163
정들면 지옥이지 1 Ⅰ-233

정들면 지옥이지 2 I-236
정이 많아서 II-65
제주도에게 I-286
종소리처럼 I-221
종이꽃 피도다 I-158
좋은 풍경 II-46
주검에게 I-31
죽음과 살의 和姦 I-63
지식인의 幻生 II-49
지평선과 외로움 두 날개로 II-126
지평선의 향기 I-196
집 I-50
집들의 빛 II-131

ㅊ

찰랑대는 마음으로 I-188
窓 I-129
蒼天 속으로 I-218
처녀의 방 I-47
천둥 쳐다오 I-134
천둥을 기리는 노래 I-330
철면피한 물질 I-65
청천벽력 II-82
청춘은 아름다워라 I-238
초록 기쁨 I-210
최근의 밤하늘 I-114
출발 I-223

춤춰라 기뻐하라 행복한 육체여 I-97

ㅋ

K네 부부의 저녁 산보 I-88
쿠스코의 달 II-169

ㅌ

타는 벌거숭이로 I-246
태양 폭발 I-107
태양에서 뛰어내렸습니다 I-313
태양이 떵떵거리면서 I-131
痛史抄 I-124

ㅍ

파랗게, 땅 전체를 I-149
팔다리는 반짝인다 II-192
폭풍 I-99
폭풍은 法처럼 I-253
푸르른 풋시간이여 II-198
푸른 하늘 II-215
풀을 들여다보는 일이여 I-276
품 I-267

ㅎ

하늘을 깨물었더니 I-194
하늘의 허파를 향해 I-212
하늘의 혈관 II-260

하늘의 火輪 II-114
학동 마을에 가서 I-296
한 고통의 꽃의 초상 I-146
한 그루 나무와도 같은 꿈이 II-32
한 꽃송이 II-85
한 생각이 스쳐 II-197
한 순가락 흙 속에 II-84
한 정신이 움직인다 II-164
한 청년의 초상 I-278
한 하느님 II-112
한눈 I-208
한밤의 랩소디 I-53
한없는 지평선 II-220
헐벗은 가지의 에로티시즘 I-190
헤게모니 II-167
화음 I-20
花煎 II-138
환합니다 II-74
황금 醉氣 1 II-63
황금 醉氣 2 II-67
回心이여 II-42
흐르는 방 I-46
흙냄새 I-324